KB053060

나를 살피는 기술

나를 살피는 기술

목차

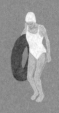

---

part. 1

내 마음에
가까이
다가가려면

펴내며
: 마음의 오르내림을 받아들이기

우리 마음은 매 순간 그 모습이 변합니다. 수면을 얼마나 잘 취했는지, 늘 나를 지적해대던 상사와의 사이가 어떠했는지, 배가 고픈지 혹은 부른지와 같은 그날의 여러 조건들로 인해 우리의 마음은 늘, 조금씩 바뀝니다. 많은 이들은 마음을 파도로 표현합니다. 감정은 순간 거세게 우리 마음으로 밀려들었다가도 금세 다시 잔잔해지기를 반복하기 때문이지요. 이렇듯 마음은 항상 일렁이는 파도와 같습니다. 우리의 삶에 때로는 기쁨이, 또 때로는 슬픔이 굴곡지듯, 우리의 감정 또한 오르내림이 있습니다.

우리는 항상 기분이 좋기를 원합니다. 기분 좋은 상태가 지속되길 바라는 건 어찌 보면 당연합니다. 좋은 기분을 금세 잃고 싶은 사람이 누가 있을까요. 하지만, 감정의 파도는 우리 마음속에서 계속 요동치곤 합니다. 좋은 기분은 금세 여러 요소들로 인해서 바닥으로 곤두박질치기도 하지요. 산이 높으면 골이 깊듯, 좋았던 기분 후 마주한 절망은 훨씬 크고 두렵게 느껴지기 마련입니다. 그래서 우리는 감정이 파도와 같다는 사실을 잊은 채 기분 좋은 상태에 집착하기 시작합니다.

우리는 마음을 조금은 멀리서 바라보아야 할 필요가 있습니다. 가까이서는 굽이치는 물결만 보이지만, 멀리서 바라볼 수 있다면 그 또한 마음의 오르내림의 한 과정일 뿐임을 알 수가 있으니까요. 그러니 기분 좋은 상태에서는 언제든 다시 파도가 가라앉을 수 있고, 또 반대로 기분이 우울할 때면, 이 시간을 건디면 분명 원래의 내 모습을 찾을 수 있다는 사실을 인식하는 것이 도움이 됩니다.

결국 우리에게 필요한 건, 우리 마음에 항상 파도와 같은 출렁임이 있다는 걸 인정하는 태도일지도 모릅니다. 우리의 삶, 우리의 마음 모두에 오르내림이 있다는 사실을 인정하고 받아들일 수 있다면, 지금 겪고 있는 어려움 또한 삶의 한순간일 뿐이라는 사실을 알 수 있을 테니까요.

이 책이 힘든 순간을 겪어내는 당신에게, 작은 도움이 되기를 간절히 바라봅니다.

신재현

part. 1

내 마음에
가까이 다가가려면

나를 사랑하는 힘, 자존감 키우기

"나에 대한 자신감을 잃으면, 온 세상이 나의 적이 된다."

- 랄프 왈도 에머슨

나를 사랑하는 힘, 자존감

자존감을 직역하면, '자신 스스로에 대한 평가' 정도로 해석할 수 있다. 이를 좀 더 들여다보면, 내가 어떤 부류의 사람인지, 어떤 가치를 가지고 있는지, 사랑을 받을 수 있는지 등에 대해 스스로가 가지는 감각이라고 생각하면 적절할 것이다. 어떤 측면에서는, 스스로 자신을 얼마나 존중하고 사랑할 수 있는가에 대한 느낌이라고 할 수 있다.

자존감이 약한 사람에게 나타나는 가장 큰 고통 중 하나는, 자신이 마주하는 모든 상황에 위축되고 주눅 든다는 것이다. 친구가 한 일상적인 인사도 '나를 무시한 것 같은' 느낌에 감정이 상하게 되고, 자신의 의견을 물어도 목소리가 기어들어 가게 된다. 지금까지 내가 잘 해왔던 일들도, 스스로 자기비하에 빠져 자책하게 되는 경우도 많다.

이런 고통에서 어떻게 하면 벗어날 수 있을까? 세상에는 자존감을 키우는 방법이라 소개된 것들이 무수히 많다. 흔히 권유하는 운동, 외모 가꾸기, 연애 등의 행동 변화가 자존감을 끌어올리는 데 도움이 될 수 있을는지도 모른다. 하지만, 그보다 자존감 저하의 이유를 잘 헤아리고, 이에 기반을 둔 점진적 변화만이 실제적인 자존감 향상을 끌어낼 수 있다.

자존감 향상을 위한 3단계 - 내면을 알아차리기

1. 우선 자신에 대해 알아차려야 한다.

나의 상처 난 마음을 위로하고, 자존감을 키우는 데 모범답안이 있을까? 어떤 이는 자신이 효과를 봤던 방법이 정답인 것 마냥 '강추'할 것이다. 하지만, 자존감을 향상하는 최적의 방법은 제각기 다른 형태일 수밖에 없다. 자존감이 손상된 과정과 원인이 다 다르기 때문이다. 그래서 무엇보다 '나'에 대한 파악이 중요한 이유다.

자신이 '왜' 자존감이 낮아지게 되었는지에 대해 곰곰이 생각해 보자. 불우한 성장 과정 때문일 수도 있고, 어릴 때 겪은 사소한 사건 때문일 수도 있다. 그 뿌리를 알아야 한다. 나의 성장 과정, 나에게 영향을 준 사건들, 인물들, 그들로부터 내가 얻은 경험들을 한번 적어 볼 필요가 있다. 과거의 힘든 기억을 회피만 해 왔다면, 이제는 이를 직면하고 과거의 자신과 마주하여 그 시기를 충분히 애도할 시간인 것이다. 그러면서 스스로에 대한 공감과 이해가 깊어진다. 나를 사랑하게 되는 과정이기도 하다.

서리 긴 유리로 바라보는 밖은 두려울 수 있다. 유리부터 닦아 내고, 자신의 과거와 마주해야 한다. 괴물 같아 보였던 희미한 무엇인가가 사실은 우스꽝스러운 나뭇가지였을 수도 있지 않을까. 이유 없이 자존감에 상처를 받는 상황이 반복되어도 과거의 기억들을 살피는 일을 피하는 경우가 종종 있다. 대개 낮은 자존감의 뿌리는 성장 과정의 상처에서 오는 경우가 많다. 하지만, 마음 한편에 쌓여 있는 과거의 고통을 잘 정리하지 않는다면, 언젠가는 우울, 불안, 분노, 좌절 등과 같은 악취를 풍기는 쓰레기 더미만 남게 된다. 물론, 절대로 누군가의 '탓'을 하라는 것이 아니다. 다만, 현재의 자신의 모습을 온전히 직면하라는 말이며, 애도와 수용을 통해 자신을 받아들이는 것이 자존감을 향상하기 위한 첫 번째 단계이다.

2. 자신을 힘들게 하는 것들, 상황들에 대해 인지해야 한다.

자신이 취약한 상황들, 요소들에 대해서도 알아차리는 노력이 필요하다. 누구나 화를 낼 법한 상황도 나에게는 그렇지 않을 수 있다. 반대로 웃고 넘길 수 있는 일도 나를 자극하는 원인이 되는 경우도 허다하다. 흔히 자존감이 낮은 이들은 모든 상황이 힘들다며 토로하지만, 유독 취약한 상황이나 인간관계가 존재한다. 낮은 자존감의 뿌리에서 솟아올라온 앙상한 줄기가 무엇 때문에 자극받는지 알아야 대비를 할 수 있다. 내가 자극받는 요인들, 그리고 그에 대해 내가 보이는 반응들(행동, 감정, 사고)이 어떠한지, 그리고 결국에는 어떤 결과를 낳게 되는지를 생각을 해 보자. 머리 안에서 자신의 약점, 그리고 강점에 대해 선명하게 선을 긋는 과정이다.

대응 카드(Flash card)를 만드는 것도 한 가지 방법이다.

예상되는 상황에서의 자신의 반응에 대해 이전과 같은 반응을 답습하지 말자. 어떻게 건강하게 대처를 할 것인지에 대해서 작은 카드에 적어 지갑이나 주머니에 간직하고, 이를 수시로 꺼내서 읽으면서 마음속에 되새기는 방법이다. 가장 취약한 상황에 대해서는 건강한 대처 방법을 휴대전화 바탕화면에 적어놓거나, 업무를 보는 책상 앞에 붙여놓는 것도 좋다.

우리에게 필요한 것은 단 한 번의 '이전과 다른 경험'이다. 자신을 힘들게 했던 패턴을 단 한 순간이라도 벗어날 수 있다면, 그때가 자신을 동여매고 있던 쇠사슬을 푸는 순간이다. 이렇게 대비를 하고, 마음의 준비를 한다면, 이전과는 다른 반응을 하기 위한 토대가 마련된 셈이다.

3. 삶 속에서 부단한 실천이 필요하다.

내가 가진 습관적 자기 비하, 자책 등은 이미 뇌의 각 부위에서 그 경로가 확고하게 자리 잡은 상태다. 자기 비하와 자책을 줄이고, 나를 사랑하고 스스로를 위로해줄 수 있는 습관을 들이는 것은 뇌세포들 사이에 새로운 경로를 만드는 작업인 것이다. 당연히 잘 닦여진 길로 가는 것이 편하고, 익숙하다. 하지만 변화를 위해서는 작은 길을 끊임없이 닦고,

넓히는 노력과 실천, 인내가 필요하다.

결국, 시중에 널린 많은 치료 기법들은 부수적인 문제일 뿐이다. 변화하려는 동기를 가지고 끊임없이 노력하면, 뇌세포들 간의 경로가 바뀌게 되고, 결국 습관이 형성된다. 심리적 변화를 위한 방법에 정답은 없다. 수많은 기법과 치료 방법이 존재하고, 개개인에게 맞는 방법도 다 다를 수 있다. 하지만 목표는 하나다. 지금까지의 자기비하적인 삶을 멈추고, 자존감을 향상하는 방향으로 나아가는 것이다. 그러니 변화를 위한 이정표를 먼저 세우는 것이 중요하다. 방향을 잘 잡고 나아간다면, 결국에는 '자존감 향상'과 '변화'라는 결실을 얻을 수 있을 것이다.

삶이 즐겁지 않은 당신에게

—

오늘 하루가 어땠는지 떠올려보자. 물에 적신 솜뭉치처럼 온몸에 무겁고 아무것도 하기 싫은, 아니 할 수 없을 것만 같은 마음은 아니었는지. 어둑해질 무렵에, 창밖을 바라보며 세상에 나를 위한 행복은 존재하지 않을 거란 생각을 하진 않았는지.

이 글의 제목을 보고 짧게라도 생각에 잠겼다면, 크든 작든 우울감을 겪고 있다는 것이다. 최근에 받은 스트레스로 가벼운 우울 증상을 경험하고 있거나, 만성적인 우울증으로 고통을 받는 사람도 있을 것이다. 어느 쪽이든 지금 현재, 자신의 삶이 그다지 즐겁지 않다고 느끼고 있다는 것이다.

삶의 즐거움은 많은 사람들 인생의 화두가 된다. 우리 인간의 뇌 안쪽, 가장 깊은 곳은 삶의 쾌락과 즐거움을 추구한다. 이성과 본능의 줄다리기로 인해 모든 욕구를 다 분출할 순 없으나 우리가 지루한 학교 공부와 직장 생활을 버티는 것도, 하기 싫은 것을 꾹 참는 것도 이 일이 끝나고 나면 언젠가는 삶의 즐거움이 찾아올 거라는 기대가 있기 때문이다. 누구나 삶의 마지막엔 행복함 속에 눈을 감기를 바라기도 한다. 이렇게 삶의 행복과 즐거움은 힘듦을 이겨내는 큰 원동력이다.

우울증은 삶에서 즐거움을 지워버린다. 좀 더 정확하게 말하면, 삶에서 일어나는 많은 일들에서 밝은 면을 발견할 수 없게 만든다. 모든 상황의 양면을 균형 있게 바라볼 수 없도록 눈을 가려버린다는 것이다. 인생의 가장 큰 목표와 방향이 사라진 삶은 길이 없는 황무지에 놓인 마음과 같을 것이다.

무기력하고 즐거움을 느끼지 못하는 삶

우울증은 많은 것을 앗아간다. 우울한 기분, 잦은 초조감뿐 아니라, 불면과 식욕 저하, 성욕 감퇴처럼 인간의 본능적 기능에 영향을 미치기도 한다. 어떤 이들은 심한 무기력과 의욕 저하로 엄청난 고통을 감내해야 하기도 한다. 세상에서 자신이 가장 쓸모없고, 가치 없는 사람 같아 모든 것을 그만두고 싶은 충동이 들 때도 있다. 우울증은 단일 증상으로 나타나는 질환이라기보다 이런 증상들이 중첩되어 나타나는 일종의 증후군이라 할 수 있다. 모든 우울증에서 무기력이 주된 증상은 아니지만, 초조감을 주로 보이는 우울증(agitated depression)이라도 병의 경과 중 심한 무기력과 매사 흥미 저하를 경험하는 경우를 많이 볼 수 있다.

'우울증은 마음의 감기 아냐?', '네 멘탈이 너무 약한 거 아니니?' 우울증을 겪는 이들을 옆에서 바라보는 가족과 친구들은 저마다 한 마디씩 걱정을 가장한 참견을 한다. 겉으로 보기엔 표정만 조금 어두울 뿐, 당장 눈에 보이는 상처가 없기 때문이다. 하지만 당사자는 너무나 괴롭다. 몸을 움직이기 싫은 것이 아니라, 도저히 몸을 움직이고 사람을 만나고 싶은 동기가 없어진 상태니까. 그렇게 삶의 반경이 점차 좁아지고, 세상이 자신을 옥죄기 시작한다. 그러고 나면 다시 아무것도 하기 싫어지는 악순환이 시작되는 것이다.

즐거움을 느끼지 못하는 우울증, 어떤 노력이 필요할까

우선 우울증은 '치료'의 영역에서 접근해야 한다. 현대 의학의 발전은 마음과 뇌의 연관성을 상당 부분 밝혀냈고,

덕분에 우울증의 원인 규명에 따라 그 치료가 상당히 발전해 왔다. 과거 정신과 약물처럼 심한 부작용을 가진 약이 아닌, 신체에 부담이 덜 가면서도 충분한 효과가 나타나는 항우울제들도 많이 개발된 상태다. 최근에는 우울감을 유발하는 뇌의 특정 부위를 자극하여 우울증을 치료하는 기계 장치들도 개발되어 약물치료가 여의치 않거나 거부감을 가진 이들에게 많은 도움이 되고 있다. 인지행동치료(cognitive behavioral therapy)와 같은 상담치료 또한 우울증에서 그 효과를 입증해오기도 했다. 우울증 치료에 한 가지 치료법으로만 접근하기보다 자신이 가진 다양한 자원들과 가능한 치료적 접근들을 잘 활용하는 것이 무기력을 극복하는 데 도움이 될 것이다. 더불어 이 과정에서 전문적 도움이 필요하다면 당연히 받아야 한다.

개인이 할 수 있는 노력에는 무엇이 있을까

최근 행동 활성화(behavioral activation)라는 치료적 접근이 우울증 치료의 강력한 대안 중 하나로 떠오르고 있다. 말 그대로, 무기력한 우울증 환자에게 활동을 시킴으로써 병을 극복하게 한다는 말이다. 언뜻 듣기에는 주변 사람들이 건네는 '몸이라도 움직이면 기분이 좀 나아질 것'이라는 잔소리처럼 느껴지기도 한다. 하지만, 행동 활성화는 그 이상의 뚜렷한 목표와 과학적 원리가 담겨 있다. 행동 활성화의 원리는 다음과 같다.

1. 즐거움을 주거나, 숙달 경험(성취 경험)을 줄 수 있는 활동을 증가시킨다.
2. 우울증을 지속하게 하거나, 심화할 수 있는 위험 요인과 관련된 활동을 감소시킨다.
3. 활동에 대한 보상(reward)을 얻지 못하게 하거나, 혐오 반응을 일으키는 문제들을 해결한다.

말이 조금 어렵지만, 짧게 요약하자면 '성취감과 즐거움을 줄 수 있는 활동을 위주로 삶을 계획하고, 보상을 기반으로 그 행동을 강화해나간다'는 것이다. 그냥 '나가서 몸을 움직여!'가 아닌, 활동을 선택해서 계획하고, 예상되는 이득과 실제 이득을 비교하고, 활동을 한 것에 대한 정적/부적 강화를 반복하는 행동주의적 원리를 따르고 있다.

꼭 우울증을 겪는 사람이 아니더라도 즐거움이 없고 무기력한 삶을 살고 있다고 느껴진다면 아래 세 가지를 염두에 두어 하루 스케줄을 짜는 것이 많은 도움이 될 것이다.

1. 성취감-즐거움이 핵심이다.

활동을 계획하고 선택하는 데 있어, 성취감과 즐거움만을 고려해야 한다. 이것을 안 하면 눈치 보여서, 이것을 해야만 가족들이 좋아할 것 같아서와 같은 이유는 전혀 도움 되지 않는다. 자신이 지금껏 살면서 즐겁고, 뭔가 해낸 것 같은 느낌이 들었던 활동을 일상에 배치하도록 한다. 하루 계획에 무엇을 할 것인지, 예상되는 성취감과 즐거움의 점수는 얼마나 되는지를 미리 기록하고, 가능하면 100점 중 성취감-즐거움이 70점 이상이 되는 일들을 반복하라.

2. 매일의 활동을 기록하기

기록의 힘은 강력하다. 자신의 하루 일상을 기록하고, 당시 활동에 대해 성취감-즐거움이 과연 몇 점이었는지를 적어봐야 한다. 그 활동에 대한 자신의 소감을 적어보는 것도 좋다. 그리고 자신의 기분 향상에 도움이 되었던 활동을 골라내는 것이다. 둘 다 높을 필요는 없다. 업무와 관련해 꼭해야 하는 것이라면 즐겁지는 않지만 성취감을 얻을 수 있고, 단순한 취미 활동이라면 성취감은 거의 없을 수도 있으니. 중요한 것은, 성취감-즐거움 점수를 기록하고, 무슨 활동을 선택할지 고민하고, 자신의 기분과 행동이 이로 인해 어떤 변화를 보이는지를 스스로 피드백하는 과정이 우울감과 무기력함을 극복하는 데 도움을 준다는 것이다.

3. 보상을 만들기

계획대로 활동을 무사히 마쳤다면, 우리에겐 '참 잘했어요' 도장이 필요하다. 칭찬을 받는다는 건 남녀노소 누구에게나 기분 좋은 일이다. 칭찬이 고래도 춤추게 한다는 말도 있듯. 스스로를 칭찬하는 연습을 해야 한다. 첫걸음을 떼는 일은 간단하다. 자신이 좋아하는, 하지만 평소에는 잘 하지 못하는 활동(게임, 사우나, 마사지 등)이나, 살찔까 먹기 꺼렸던 엄청 달고 꾸덕한 초코 케잌과 같은 음식, 사고 싶었지만 사지 못했던 악세사리 등을 떠올린다. 그리고, 그중 하나를 상품으로 거는 것이다. '일주일간 활동 계획을 80% 채우면 나는 OO를 사겠다'라는 식으로. 행동의 결과로 생기는 적절한 보상은 그 행동을 강화한다. 이를 정적 보상(positive reinforcement)이라고 한다.

위의 세 단계가 간단해 보이지만, 심한 무기력을 겪는 분들에겐 무용지물일 수도 있다. 심한 우울증에서는 거의 떠먹여 주는 정도로의 도움이 필요한 경우도 있기 때문에. 또, 만사 흥미가 없는 이들에게 활동 계획표를 들이댄다면 좌절을 겪을 뿐일 테다. 만약 혼자 하는 것이 어려울 것 같다면 마음을 털어놓을 수 있는 가족, 가까운 친구, 연인에게 도움을 받는 것도 좋은 방법이다. 물론 전문가에게 좀 더 복합적이고 정확한 피드백을 받는 것도 큰 도움이 될 것이다.

저는 왜 이렇게 예민한 걸까요

Q

전 어린 시절부터 예민하고 겁이 많다는 말을 많이 듣고 자랐어요. 남들은 귀여워하는 강아지도 길 가다 마주치면 주저앉아 울음부터 터트리거든요. 친구들 사이가 소원해지면 저 혼자 긴장해서 잠을 못 자기도 하고, 지나가는 사람들이 저를 슬쩍 보기만 해도 내 얼굴에 뭐가 묻었나, 오늘 옷이 영 이상한가 하는 생각에 전신 거울에 저를 비춰보곤 합니다. 모르는 사람을 길 가다 마주치면 저도 모르게 가슴이 두근거리고, 걸음이 빨라져요. 친구들은 극성이라고, 그럴 필요가 있냐며 핀잔만 주곤 하는데 정작 당사자인 저는 죽을 맛이거든요. 세상 모든 것이 걱정되고 두려워요.

그러니 직장생활도 편할 리가 있나요. 상사가 꾸지람을 하면 별 이야기 아닌데도 눈물이 핑 돌고 하루 종일 일이 손에 잡히지 않아요. 그러고 나면 사람들이 모두 나를 이상하게 보는 것 같다는 느낌에 가시방석에 앉아 있는 느낌이 들어요. 언젠가부터 저한테 중요한 일을 맡기지 않고, 사람들 사이에서 소위 '은따'가 된 것만 같아요. 힘들게 들어간 직장인데 견디기가 날이 갈수록 힘들어지네요. 저는 대체 왜 이런 걸까요? 저한테 무슨 문제가 있어서 이렇게 괴롭게 살아야 하는 걸까요?

A

뉴스의 무서운 기사를 회피하고, 모르는 사람을 보면 가슴이 긴장되고, 사람들의 시선을 너무 예민하게 받아들인다, 이 모든 양상을 정신의학 용어로 요약하면 '불안 수준이 높다'고 정리할 수 있겠습니다. 인간의 생김새가 저마다 다양하듯이 사람들 각자의 내면 또한 그 모습이 천차만별이지요. 어떤 이들은 63빌딩 정상에 올라가 아래를 내려다보아도 눈깜짝하지 않는 사람이 있는가 하면, 질문자님처럼 약간의 긴장에도 가슴이 두근거리고, 식은땀이 나고, 온몸이 경직되는 사람도 있습니다. 즉, 저마다 내재한 불안의 수위는 조금씩 다른 셈입니다.

이런 예민함을 단순히 '타고났다'는 말로 재단하기엔 인간의 성격이 만들어지는 과정이 그리 단순하지는 않아요. 그럼에도 이를 좀 더 단순화하자면 인간의 성격은 크게 1. 유전적 기질 2. 성장 과정의 경험 3. 결정적인 정신적 외상(트라우마)의 복합적 상호작용으로 생겨난다 할 수 있겠습니다.

먼저 유전적 기질이라 함은, 유전적으로 쉽게 불안해질 수 있는 기능 수준을 타고난 겁니다. 가족들 중 불안과 관련된 정신 질환을 가진 이들이 있거나, 출생 과정에서의 뇌 손상 등으로 인해 생물학적 결함을 타고나는 경우입니다. 또 하나는 성장 과정의 경험입니다. 건강한 유전자를 타고났더라도 늘 긴장하고 살아야 하는 환경에서 성장하거나 학창 시절 따돌림의 경험, 혹은 크나큰 좌절을 연거푸 경험했다면 이 또한 예민하고 불안한 성격을 형성하는 데 일조하게 됩니다. 마지막으로, 긴 기간의 부정적 경험 말고도 단기간의 강렬한 부정적 경험(트라우마) 또한 위와 같은 성격 형성에 영향을 미치게 됩니다. 잔잔한 물결만 일렁이는 호수에 커다란 바위가 떨어진다면 물결이 걷잡을 수 없이 세지고, 호수의 수위 또한 이전과 달라질 수밖에 없는 이치입니다. 물론, 위의 세 항목에는 엄청나게 많은 가지 수의 하부 항목들이 존재하기도 합니다. 또, 개인에 따라 세 가지 중 둘 이상의 다양한 원인의 조합이 영향을 미치는 경우도 있고요.

자신의 성격에 문제가 있다고 여기고, 이를 바꾸어 나가기 위해 거쳐야 하는 첫 번째 과정은 성격의 뿌리를 살펴보는 일입니다. 수면 위에 있는 문제들을 아무리 바꾸어 나가려 애쓴다 한들, 수면 밑에 더 깊고 큰 문제의 뿌리가 있다면, 이를 파악하지 않고는 변화를 해나갈 수 없습니다. 변화를 위해서는 자신의 삶을 되짚어보며 자기 성격의 뿌리가 어디에서 기인한 것인지 알고, 이를 애도하고 스스로를 위로해 나가는 과정이 우선적으로 필요합니다.

참 다행인 건 질문자님께서 자신의 삶에 무슨 문제가 있는지 인식하고 있고, 또 이를 바꾸고자 하는 의지를 갖추고 있다는 사실입니다. 바라건대 좀 더 깊이 자신의 문제를 들여다보고, 삶에 미치는 영향을 살펴볼 수 있다면 의지는 더 굳건해질 수 있습니다. 인간이든 동물이든 행동의 변화에 다른 왕도는 없는 것 같습니다. 결국 사고와 행동이 변하는 가장 큰 틀은 자신의 문제를 충분히 알고, 기존과는 다른 방향의 행동을 반복하는 것이지요. 나쁜 습관을 새로운 습관으로 '덮어쓰기' 한다고 여기실 수 있으면 좋겠습니다.

내 안의 낡은 분노를 털어내기

—

내가 지금 느끼는 감정이 "낡은 분노"는 아닐까

서두부터 왠지 뜬금없는 이야기를 하는 것 같이 느낄 수 있을 것이다. '낡은'이라는 형용사와 '분노'라는 명사는 어울리는 조합은 아니다. "낡은 분노"를 바꾸어 말하면, "해묵은 감정"이라고 바꾸어 말할 수 있다. 이제 조금 감이 오는 사람도 있을 것이다.

분노를 불러일으키는 상황은 너무 많다. 친구가 나에게 던진 '왠지 나를 배려하지 않는 듯한' 사소한 말 한마디, 운전 도중 '일부러 나를 방해하려는 듯이' 느릿느릿하게 운전하는 내 앞의 저 차량, 한창 바쁜 업무를 보는 중 상사가 와서 슬쩍 일을 얹어줄 때. 부당한 상황, 내가 무시당하는 듯한 상황이 되면 인간이라면 누구나 분노의 감정을 느낀다. 이는 지극히 자연스러운 현상일 것이다.

하지만, 되짚어 생각해 봐도 작은 사건들, 사소한 말 한마디에 너무 격렬한 반응을 나타낼 때가 있다. 우리 마음에 감정의 폭풍이 들이닥칠 때, 잘 넘어가면 다행이지만 대개는 결과적으로 날카로운 말이나, 폭력적인 행동을 낳게 되고 마음의 상처들을 남기게 되는 경우가 많다. 분노의 폭풍우가 지나고 나면 다시 복구하기 힘들 정도로 폐허가 된 마음의 잔해만 남게 되는 것이다.

말로 설명할 수 없지만, 나를 깊은 곳의 취약한 부분을 자극한 '그 무엇'이 있다. 알 수 없는 그 무언가가 내 감정의 폭발 버튼을 눌러버렸고, 그래서 평소의 나와는 다른 반응이 나타난 것이다. 그렇다면, '그 무엇'을 어떻게 설명할 수 있을까?

스키마 화학 작용 schema chemistry

아래 도표는 인지행동치료에서 마음을 들여다보는 틀로 사용하는 인지 모델(Cognitive model)이다.

화가 나는 상황과 마주하게 될 때, 대개 '무시당하는 것 같고, 부당한 일이기 때문에' 분노의 감정반응이 나타나게 된다. 그다음에는 언성을 높이는 등의 행동적 반응과 온몸이 경직되고 가슴이 콩닥콩닥 뛰는 신체 반응이 이어 따라온다. 이런 과정은 자동으로 일어나게 되는데, 그 순간에 떠오른 자동적 사고는 상황을 마주하는 개인마다 차이가 존재한다. 이는 그 순간을 바라보는 사람의 관점의 차이 때문이다.

나와 세상과, 미래를 바라보는 관점. 인지 치료의 창시자 Aaron T. Beck은 그것을 스키마(Schema, 혹은 심리 도식)라 지칭했다. 이 순간의 반응은 마치 화학 작용이 일어나듯이 순식간에 일어난다. 순차적으로 천천히 일어나는 것이 아니다. 나도 인지하지 못하는 사이에, 내가 마주한 상황이 스키마로부터 의식으로 올라온 생각과 연결되어 미처 손쓸 새도 없이 분노의 감정 반응으로 내달리게 된다.

이러한 반응을 스키마 화학 작용(schema chemistry)이라고 부른다. 분노의 게이지가 한 칸씩, 한 칸씩 서서히 올라가기보다는, 0%에서 100%로 갑자기 수직상승하는 경험은, 유쾌하지는 않지만 누구나 겪어 보았을 것이다.

낡은 분노를 설명하는 열쇠는 바로 이 스키마에 있다. 누구나 타고난 유전적 기질과 성장 과정의 경험을 통해 고유의 독특한 관점, 즉 스키마를 지니게 된다. 다른 관점을 지닌 이들은, 즐거운 일과 슬픈 일, 그리고 화가 나는 일에 대한 관점도 분명히 다르다. 그리고, 상처를 쉽게 받는 취약한 부분도 달라진다.

유독 상대방이 멀어지는 느낌에 집착하는 사람이 있다. 조금만 연락이 되지 않아도 불안해하고, 전화를 연거푸 걸어 보고, '나를 떠나려고 하는구나' 하는 생각에 가슴이 미어지기도 하고, 그러다가 연결이 되면, 상대방에게 분노를 퍼붓곤 한다. '버림받음'의 스키마를 가지고 있는 경우이다.

또는 상대방의 언행을 모두 의심의 눈초리로 보는 사람도 있다. 기본적으로 모든 인간은 악하고, 자신을 착취하려

한다는 시각으로 세상을 바라본다면, 상대방의 말 하나하나가 마음에 들지 않고 상대를 경계하게 된다. 사소한 말 한마디에 불에 기름을 끼얹는 것처럼 폭발적인 분노가 나타난다. 이런 사람들은 '불신/학대'의 스키마를 가지고 세상을 바라보는 것이다.

'결함'의 스키마를 가지고 있다면, 언제나 낮은 자존감에 시달린다. 자신에게 영원히 채워질 수 없는 결정적인 결함이 있는 것 같은 느낌이, 무의식중에 언제나 존재하기 때문에 상대방이 나에게 하는 말이 왠지 기분 나쁘게 느껴지고, 무시당하는 듯한 느낌을 쉽게 받는다. 늘 예민한 상태에서 상대방의 사소한 말에 '울고 싶은데 뺨을 맞은 느낌'이 들고, 이런 분노의 감정을 상대방 탓(투사 projection)으로 돌리게 되는 경우가 많다.

스키마는 타고난 기질(temperament)과 성장 과정에서의 경험들의 복합적인 작용으로 생겨난다. 그러므로, '낡은 분노'는 과거에 해결되지 않은 분노가, 현재의 작은 불씨를 만나는 순간 예전의 고통스러웠던 경험과 결합하여 밖으로 표출되는 것이다. 그러므로 현재 상황만으로는 이해할 수 없는, 격렬한 분노로써 나타나게 된다.

"낡은 분노"가 자신을 괴롭힌다면, 무엇보다도 먼저 자신의 성장 과정을 돌아보며, 충분한 이해의 시간이 필요하다. 해결되지 않은 해묵은 감정들이 성인이 된 지금까지도 자신의 발목을 잡고 있는 것은 아닌지, 어린 시절 겪었던 트라우마가 은연중에 자신의 생각, 감정, 행동에 영향을 미치고 있었던 것은 아닌지 되돌아볼 필요가 있다.

자신이 분노를 터트리는 그 순간은, 흡사 충분히 충족되지 않은 욕구에 분노 발작(temper tantrum)을 하고 있는 어린아이와 같다. 그때만큼은 선반 위에 있는 장난감을 갖고 싶은 마음에, 바닥에 주저앉아 울며 떼쓰는 아이의 모습이다. 하지만 내 분노의 감정을 내 마음속에 여리고 상처받은, 충족되지 않은 욕구로 인해 마음의 상처를 가진 어린아이의 감정이라고, 조금은 안쓰러운 눈으로 바라볼 필요가 있다.

자신의 스키마가 활성화된 순간을 인식하는 것은 한두 번의 경험으로는 불가능하다. 분노의 감정이 일어나는 순간을 기록하는 감정 일기를 쓰는 것도 좋은 방법 중 하나다. 스마트폰의 메모장을 이용해도 좋겠다. 오늘, 격렬한 감정의 변화를 경험했던 사건과, 그에 따른 감정, 당시의 생각과 신체 반응을 적어 보는 것이다. 그렇게 그런 감정을 느끼게 된 것을 거리를 두고 바라보는 것이다. 또한 그 순간에 자신이 할 수 있었던 온건하고도 적절한 감정표현을 고민해보아야 한다. 이 일기의 내용으로 마음을 터놓을 수 있는 지인들 사이에서 피드백을 받는 것도 좋은 방법이다. 내가 발견하지 못한 등진 밑의 그늘을 객관적인 시가에서 바라보도록 도와줄 수 있을 것이다.

어떤 형식이든 좋다. 찰나의 순간에 나를 분노하게 하는 계기와 순간을 인식하는 연습이 필요하다. 내 안의 해묵은 분노가 본격적으로 타오르기 직전, 자신의 현 상태를 거리를 두고 보는 것, 상황과 분노의 사이에 약간의 여유를 두는 것, 그리고 궁극적으로 나의 건강한 부분이 마음속의 취약한 어린아이를 충분히 위로해 주는 것, 이런 상황의 반복으로 건강한 패턴에 익숙하게 되는 것이 행동화를 막는 가장 중요한 방법이다.

건강하게 분노를 다루는 4단계

관계에는 감정이 관여되기 마련이다. 아니, 감정 에너지가 투입되지 않는 관계는 피상적인 관계일 뿐이다. 내가 맺고 있는 친구, 부모, 자식, 연인, 부부 등의 관계처럼, 내가 소중히 여기고 깊이 관여되어 있는 관계일수록 내가 가진 감정 에너지를 많이 투여하게 된다. 그래서 같이 나누는 기쁨은 배가 될 수 있지만, 그만큼 감정적 상처를 더 입게 되는 경우도 많다.

가장 가깝다 여겼던 관계에서, 상대방이 하는 '사소할 수 있는' 말 한마디가 나의 감정에 파도를 일으킨 경험을 해본 적이 있을 것이다. 그러면서, 나는 마음에 격랑이 일고 화가 부글부글 끓고 있는데, 상대방이 이를 가벼이 여긴다면 섭섭함과 화는 배가 된다. 그런 상대방을 보면서, '왠지 내가 혼자

서 날뛰는 것 같은' 부끄러움, 수치심은 분노의 감정 표현을
참 어렵게 만들기도 한다. 그렇게 내 감정을 안으로 삭이고,
삭이고, 또 삭이다 보면 응축된 분노가 어느 순간 일제히 터
져 나오는 경험을 하기도 한다.

건강하게 분노를 표현하는 것

내 마음속에서 느끼는 화를 '건강하게' 표현하기란 참 어
려운 일이다. 내가 맺은 관계 안에는 상대방이 있기 마련이
고, 그 상대방에게 화를 '잘' 표현한다는 것은 왜인지 어색한
일이다. 상대방에게 탓을 미루는 것 같아 부끄러운 마음, 화
는 나는데 상대방에게 표현하지 못하는 나에게 느끼는 감정
들이 복잡미묘하게 느껴질 것이다.

특히 상대방의 시선에 영향을 많이 받는 동양권 문화에
서는, 화를 비롯한 감정들을 적절하게 밖으로 표출하기보다
는 안으로 쌓아두고 삭이며, 겉으로는 짐짓 영향을 받지 않
은 척, 평온한 모습을 보이는 것이 미덕으로 여긴다. 심지어,
죽을 만큼 슬프거나 화가 날 때도, 이를 꽉 깨물고 눈물을 보
이지 않는 이에게 오히려 '침착하다' 혹은 '과묵하다'라는 칭
찬의 말을 하기도 한다. 이런 성향이 결국 국내에서만 특이
적으로 보이는 '화병(火病)'이라는 병을 만들어내기까지 한
다.

건강하게 분노를 다루는 4단계를 따라가 보도록 하자. '건강하게'라는 말은 바꾸어 말하면 '합리적으로' 혹은 '적절하게' 자신의 감정에 대처한다는 것이다. 각 단계는 칼로 자르듯이 구분되는 과정은 아니며, 익숙해지면 자연스럽게 차례차례 단계를 밟게 될 것이다 .

1. 감정 환기하기

압력밥솥에 김이 가득 차 있는 상태로 그대로 둔다면, 어떻게 될까. 아마, 상상도 하기 싫지만, 가열된 압력밥솥이 내부의 압력을 견디다 못해 굉음을 내며 폭발하게 될 것이다. 그러기 전에 먼저 내부의 압력을 조금씩 줄여주는 작업이 필요하다. 그렇다고 한 번에 뚜껑을 여는 것은 곤란하다. 자신의 감정이 부글부글 끓고 있다는 것을 인식하게 된다면, 자신의 분노 압력을 조금씩 줄여나갈 방법을 찾아야 한다. 물론 자신에게 맞는 방법은 개인마다 다를 수 있다.

1. 주의를 돌린다. TV나 책을 보거나 다른 생각을 하면서 화나게 하는 상황으로부터 생각을 멀어지게 한다.
2. 이완시킨다. 차분한 음악을 듣거나 조용히 산책을 하며 분노로 인해 긴장한 몸과 마음을 풀어준다.

③ 자리를 피한다. 분노를 유발한 물리적인 공간에서부
　터 나를 분리하는 것이다.

2. 공감하기

'안 그래도 열 받는 데 공감을 하라고?'라는 말이 나올 수
있다. 하지만 공감하라는 것이 상대방의 말에 무조건 따르
거나 복종하라는 의미는 아니다. 그리고, 관계를 끝내도 아
쉬울 것 없는 상황이 아닌 다음에야, 결국에는 감정을 봉합
하는 과정이 필요하다. 그 과정에서 그냥 대충 삐뚤삐뚤하게
붙여놓느냐, 섬세하고 차분하게 수습을 하느냐의 결과는 큰
차이를 보이게 될 것이다.

감정을 환기한 상황이라면, 감정의 압력이 서서히 낮아
지면서 방금 있었던 상황에 대한 현실 인식이 조금씩 나타난
다. (아… 내가 왜 그랬을까!) 현 상황에 대한 이성적인 이해
의 바탕 위에, 상대방이 그 상황에서 어떠한 감정을 느꼈고,
그 상황을 어떻게 받아들였을까에 대한 공감을 하라는 이야
기다.

감정을 환기했고, 현실 인식은 돌아왔지만, 도저히 용서
를 못 하겠다는 마음이 든다면, 이 말을 기억해 보는 건 어떨
까. "내가 나에게는 가장 소중하기 때문에, 내가 상처를 입지
않기 위해서 바뀌어야 한다."는. 100가지 중에 100가지를 다

공감하고 이해하라는 말은 아니다. 100가지 중 1~2가지 정도에만 공감해도 충분하다. 나만큼 상대방도 감정이 격앙되어 있었다면, 내가 공감의 말을 넌지시 건네는 순간, 상대의 감정의 압력도 서서히 낮아지게 될 것이다. 그렇게 한다면, 관계가 변하기 시작할 것이고 결국, 나를 위한 긍정적인 관계 변화의 신호탄이 된다.

3. 상황을 깊게 파악하기

1, 2단계를 거치면서 두 사람 사이의 긴박한 긴장 상황은 일단락되었다. 그렇다면, 다음에 같은 상황을 반복하지 않기 위해, 그리고 내적 성장을 위해 조금 더 깊은 곳을 들여다보도록 하자. 내가 가졌던 분노가, 단순히 '상황에 의한 분노'였을까? 그 상황에서 상대방의 표정이, 행동이, 말 한마디가 내 마음 깊은 곳의 '무엇'을 건드렸던 것은 아닐까?

앞선 글에서 말한 '낡은 분노'의 스키마가 감정을 폭발시킨 것은 아닐지 살펴본다면, 비슷한 상황을 마주했을 때 트라우마로 인한 과도한 반응이라는 것을 인식하고, 분노를 컨트롤하기 수월할 것이다. 그 상황에서, 나의 마음을 정확히 들여다보려는 노력이 필요하다. 이해할 수 없었던 격렬한 감정의 폭발을 조금씩 이해하게 될 때, 내 마음은 조금씩 성장하게 되는 것이다.

4. 건강한 감정 표현을 연습하기

우리나라 사람들에겐, 이 부분이 가장 어려울지도 모르겠다. 감정을 숨기고, 누르고, 참는 것이 미덕이라고 배워왔으니. 감정을 표현하려고 마음먹었을 때 가장 어려운 것이 바로 '수위조절'이다. 상자 안에서 눌려있던 스프링이 뚜껑을 여는 순간 튀어 오르게 되듯이, 감정 표현이 엇나가거나 과도해질 수 있기 때문이다. 하지만, 튀어 오른 스프링은 언젠가는 제자리를 찾게 되기 마련이다. 반복적인 연습만이 적절한 수준의 감정 표현을 할 수 있게 한다.

이럴 때는 주로 〈비폭력 대화〉라는 책의 '비폭력 대화법'을 권한다. '상황 – 감정 – 욕구 – 부드러운 부탁'의 순으로 자기주장을 하는 것이다. 상황의 객관적인 인식의 바탕 위에, 감정과 더 깊은 곳의 욕구를 표현하는 방법이다.

상황 : ○○ 상황에서
감정 : 나는 ○○을 느꼈어
욕구 : 그래서 ○○가 필요해 / ○○을 받고 싶지 않아
부드러운 부탁 : 그러니 ○○ 해주지 않겠어?

물론, 절대로 한 번에 성공하는 길은 없다. 자신 스스로가 이전과는 다른 새로운 방식을 사용하는 것이 어색하기 마련이므로. 순간순간 떠올리고 반복해서 방법을 연습하고 사용

하다 보면 어느새 자연스럽게 건강한 감정 표현을 할 수 있게 될 것이다.

건강하게 분노를 다루는 4단계를 소개했지만, 무엇보다 중요한 것은 그 순간의 감정에 휘둘리지 않고, 조금은 떨어져서 차분하게 감정을 바라보고, 대처하려는 '방향성'이다. 내가 겪었던 최근의 격렬한 감정 변화를 돌아보고, 상대와 함께 그 순간의 마음에 관해서 나를 이해해주는 소중한 사람들과 이야기를 나누어 보는 것도 좋은 방법이 될 것이다.

나를 괴롭히는 불안, 왜 생기는 걸까

불안, 너 대체 왜 그러는 거니

우리는 자주 불안을 느낀다. 회사에서 상사에게 잔소리를 들을 때, 내가 산 주식 가격이 하락하기 시작할 때, 애인이 갑자기 연락되지 않을 때, 불안을 느끼곤 한다. 위의 상황이 아니더라도, 불안을 느껴보지 않은 이는 단언컨대 한 사람도 없을 것이다. 불안이라는 감정은, 우리 일상 곳곳에 숨어있다.

불안은 우리에게 불편함을 안겨준다. 먼저, 마음에 불안이 나타나기 시작하면 주변 모든 것들에 예민해진다. 평소 그냥 지나치던 것들에도 경계를 하게 되고, 가볍게 건넨 친구의 말에 쉽게 화가 난다. 행동도 변한다. 한 자리에 가만있지 못하고 안절부절못하게 되거나, 일에 집중할 수 없게 되어 업무나 학습 효율이 곤두박질친다. 과도한 긴장으로 평소보다 위축되는 경우도 다반사다.

몸도 함께 불편해진다. 가슴이 콩닥거리고, 온몸이 경직되거나, 가슴에 뭔가 눌러놓은 것처럼 답답한 느낌, 숨이 막히는 느낌 등이 수시로 나타난다. 심한 불안의 형태를 '공황'이라 부르는데, 이때는 이러다 심장이 멎는 것은 아닐까 염려될 정도로 심한 심장 박동이 불편해진다.

이처럼, 불안이라는 감정은 생각, 행동, 신체감각의 변화도 함께 일으킨다. 대부분은 부정적인 변화다. 그러니, 불안을 자주 경험하는 이들에게 불안이란 여간 불편한 존재가 아닐 것이다.

불안은 어디서 오는 걸까

불안에 대해 좀 더 알기 위해서는 그 기원을 생각해 볼 필요가 있다. 원시시대 우리 인류의 조상이 살던 때로 거슬러 올라가 보자. 선사시대의 인류는 나무의 열매를 따 먹고, 약한 동물들을 사냥하며 살았다. 지금처럼 우리 몸을 보호할 수 있는 옷이나, 집은 없었을 것이다. 그러니 주변의 환경변화나 외부의 갑작스러운 공격에는 속수무책으로 당할 수밖에 없었다.

한 원시인 부족을 상상해보자. 그들이 평화로운 시간을 가지던 어느 날, 채집을 위해 들판을 걸어가던 도중 저 멀리서 커다란 그림자를 만난다. 저것이 바위인지, 약한 동물인지, 아니면 나를 잡아먹을 수 있는 무서운 짐승인지는 아직 모르는 상황이다.

여기에 반응하는 원시인은 두 분류로 나뉜다. 한쪽을 용감한 원시인 A라 하자. 용감한 원시인 A는 저 그림자가 무엇인지 직접 눈으로 확인하러 갈 것이고, 만약 부족을 위협할 수 있는 동물이라면 맞서 싸울 생각을 한다. 또 다른 쪽은 겁쟁이 원시인 B다. 원시인 B는 저 멀리 그림자만 보여도 깜짝 놀라 바위나 나무 뒤에 숨으려 한다. 경계를 늦추지 않고 숨을 죽이며 숨어 있다가, 그림자가 가까이 오면 '걸음아 나 살려라' 하고 언제라도 도망갈 생각도 가진다.

당신은 둘 중 어느 쪽을 선호하는가? 당연히, 두 원시인 중 용감한 원시인이 더 멋지다. 분명 인기도 좋아서 부족에서 리더 역할을 하며, 그간 부족을 이끌고 온 인물일 것이다. 하지만, 여기서 다시 한번 생각해 보자. 나중에 결국 살아남는 원시인은 과연 누구일까?

용감한 원시인 A는 자신감을 가지고 들짐승에 용감하게 맞서 싸우지만, 그만큼 부상의 위험이 더 크다. 원시시대에는 이렇다 할 치료 방법이 없었을 테니, 세상을 먼저 뜰 가능성도 훨씬 높을 것이다. 용기가 장수를 보장하지는 않으니까.

겁쟁이 원시인 B는, 보기에는 좀 부끄러울 수 있다. 작은 그림자만 봐도 식은땀을 흘리며 저 멀리 도망치는 모습이 그리 멋있어 보이지는 않는다. 하지만, 위험에서 이리저리 도망 다닌 결과, 오래 살아남을 가능성은 훨씬 높을 것이다. 강한 자가 살아남는 것이 아니라, 살아남는 자가 강한 법. 그런 의미에서 겁쟁이 원시인 B가 진정한 위너라 할 수 있지 않을까.

이런 과정을 거쳐, 오래오래 살아남아 후손에게 유전자를 물려주는 이는 겁쟁이인 B 쪽이다. 결국, 우리는 겁쟁이 원시인의 유전자를 물려받았을 확률이 더 높다. 그리고, 유전자 안에는 위험에 기민하게 반응하고, 대처하는 태도가 저장돼 있을 것이다. 그러니까, 우리는 겁쟁이의 후손이라고 할 수 있다. 겁쟁이 원시인이 미지의 그림자를 만났을 때 생기는 것이 바로 불안이다. 인간이 위험 신호를 감지하게 되면 예민해지고, 긴장하고, 가슴이 뛰고, 식은땀이 흐르는 증상들이 모두 불안에 의한 반응이다. 바꿔 말하면, 우리의 조상은 우리에게 불안을 물려준 것이다.

불안, 위험을 알리는 신호

그렇다면, 불안이 정말 우리에게 불편한 것일까?

불안은 '투쟁-도피 반응'을 일으킨다. 위험을 인식하면 불안이 생겨나고, 그 즉시 도망 혹은 싸움을 할 수 있도록 체내의 방어 시스템(자율신경계)이 작동한다. 마치 자동차가 급가속을 하듯, 신체 기관들을 신속하게 움직여 비축한 에너지를 생성하고, 평소보다 예민하고 민첩하게 반응할 수 있게 한다. 우리가 불안할 때 느끼는 생각, 행동, 신체의 변화는 위험에 대처하기 위한 우리 몸의 본능이라 할 수 있겠다.

결국, 불안은 우리에게 꼭 필요한 감정이다. 생존을 위한 필수 불가결한 감정이라는 것이다. 불안이 없었다면, 용감한 원시인 A처럼 위험 신호를 잘 알아차리지 못하고 그대로 위험에 노출된다. 횡단보도를 건널 때, 차가 다가오는 것을 무서워하지 않고 길을 건너면 어떻게 될까? 아마, 큰 사고로 이어질 것이다.

불안은 우리에게 '조심하라'는 빨간 신호등과 같다. 빨간 신호등이 켜지면 잠시 멈추어야 하는 불편함이 있다. 마찬가지로, 불안은 잠시 불편한 생각, 행동, 신체감각을 일으킨다. 하지만 이는 우리를 위험에 잘 대처할 수 있게 준비시키는 시간이다. 용감한 원시인 A와 겁쟁이 원시인 B의 차이는, 자신 안의 불안을 얼마나 잘 알아차렸나 하는 차이일 것이다. 그렇다면, '겁쟁이'라는 말을 좀 더 순화시킨다면, '자신의 마음에 기민하게 반응하고 빠르게 대처하는 사람' 정도로 부를 수 있겠다.

결국 불안은 불편하지만, 우리에게 떼어놓을 수 없는 그림자 같은 존재다. 불안이 나타날 때 '긴장돼서 너무 불편해'라고 하기보다는 '몸과 마음이 나에게 조심하라는 사인을 보내고 있구나'라고 받아들여 보자. 불안 덕분에 차분히 자신의 마음을 잘 돌아보고, 건강하고 현명하게 잘 대처하는 계기가 될 수 있을 테니.

버림받음의 덫 벗어나기

Q

최근에 이별을 경험했습니다. 조금이라도 연락이 안 되면 의심이 생기고, 이 때문에 집착하고 의심을 추궁하면서 상대를 코너로 몰아붙이게 되고 결국 제가 먼저 이별을 통보하고 후회하는, 항상 반복적인 형태로 이별을 겪어 왔습니다.

상대방도 사회생활을 하고 다양한 사람, 이성들을 만나야 하는데, 그 사람이 그런 사람들에게 관심을 보이기라도 하면 질투가 생기고 나에게 이제 애정이 식어서 그렇다고 생각하곤 합니다. 혹은 그런 것들이 단순히 저의 의심이 아니고 모두 사실일까 봐 너무 두렵고 불안할 때도 많았습니다.

제가 '버림받음의 덫'에 빠진 것 같은데, 이를 조금이라도 극복할 수 있는 작은 방법이라도 있을까요?

A

　먼저, 버림받음의 덫으로 세상을 본다는 말은 일회성 경험이 아닙니다. 버림받음의 덫은, 만남과 관계의 모든 순간에 나타나지요. 관계를 대하는 태도가 상대에게서 오는 편안함과 사랑, 고마움 같은 긍정적인 형태가 아닌 나를 떠날지도 모른다는 생각에서 비롯된 두려움, 불안, 그리고 고립감과 같은 감정들이 매 순간 나타납니다. 관계에서 이러한 감정들은 독이지요. 결국 상대에 대한 과한 집착만 남발하다 관계를 망가뜨리는 것, 그리고 이런 행동이 자신이 겪는 모든 관계에서 나타나는 것이 바로 버림받음의 덫입니다.

　버림받음의 덫을 극복하기 위해서는 무엇보다 덫의 뿌리를 알 필요가 있습니다. 이별 순간에 왜 항상 자신이 비참하게 매달리게 되는지, 왜 버림받는 것이 두려운지에 대한 과거의 잔재들을 돌아보도록 합시다. 덮어두고만 싶었던 성장 과정의 경험들, 타인과의 관계에서 받아왔던 느낌들을요. 그리고 그 과정에서 자신이 받았던, 아직 남아있는 상처들에 대한 위로와 통렬한 통찰이 필요합니다. 자신의 현 상태를 인정하는 것이 변화할 수 있는 첫걸음이니까요.

　자신에 대한 공감적 이해를 바탕으로, 변화를 준비해야 합니다. 자신의 감정에 민감하게 반응하며 감정이 어떻게 변했는지, 그 순간에 자신의 행동은 어떠했는지, 버림받음의 덫이 그 순간 작동한 것은 아닌지에 대해서 곱씹어봐야 합니다. 감정 변화와 행동, 생각들에 대해 꾸준히 복기하다 보면, 어느 순간 감정이 변하는 순간을 알아차릴 수 있습니다. 알아차릴 수만 있다면, 우리가 선택할 수 있는 선택지는 훨씬 많아지지요. 과거에는 '외로운 감정 – 버림받음의 덫의 활성화 – 매달리는 행동'으로 이어졌던 무의식적인 경로에서, 이제는 외로운 감정을 느끼는 순간 친한 친구에게 연락을 하거나, 마음을 위로해줄 수 있는 음악을 듣는 등의 건강한 행동을 선택하는 겁니다.

이는 자신에 대한 공감적 이해가 필요하고, 이를 바탕으로 조금씩 자신이 행동을 건강하게 변화시켜나가는 과정입니다. 혼자 힘으로 실천하기 힘들다면, 치료자의 도움을 받는 것도 좋겠습니다. 부디 도움이 되었기를 바랍니다.

우울증 치료를 망설이는 그대에게

"요즘 나 우울한 것 같아."

이런 말을 해 보지 않은 사람이 과연 있을까. 우울이라는 감정은 살아가면서 누구나 겪는 자연스러운 감정이기 마련이다. 을씨년스러운 날씨에, 오늘따라 뭔가 힘이 빠지는 느낌이 들면 '우울'의 그림자가 드리워진다. 회사에서 눈물을 쏙 빼게 만드는 상사의 꾸중을 듣고 난 후에도 '우울한' 기분에 빠진다. 자존심을 다치게 만드는 연인과의 다툼은 더 말할 것도 없을 것이다.

우울감과 우울증은 다르다

'일상적인' 우울감은 정신의학에서 말하는 우울증과는

구분돼야 한다. 우울증은 지속적인 우울한 감정뿐만 아니라, 평상시에 즐거웠던 활동들에 대한 흥미를 사라지게 하고, 만성적인 피로감과 에너지 저하, 무기력감을 유발하며, 식사 및 수면과 같은 가장 기본적인 생체 활동들조차 망가뜨린다. 더 나아가, 자신이 가치가 없는 사람인 것 같고, 자신이 목숨을 끊어야만 모든 것이 제대로 돌아갈 것이라는 '끔찍한 생각'에 사로잡히게 하며, 결국 비극적인 결말을 초래하기도 한다.

우울감이 일상의 작은 감정의 물결에 해당한다면, 우울증은 해안의 방파제를 매섭게 때리는 파도와 같다. 그리고, 만성적으로 진행된 우울증은, 평화로운 마음의 해안을 한 번에 집어삼킬 수 있는 쓰나미일 것이다. 세계 보건기구 WHO에서는 우울증을 인류에게 가장 큰 부담을 초래하는 질환 중 3위로 꼽았고, 2030년이 되면 우울증이 1위를 차지할 것이라고 내다봤다. 이 흔하면서도 무서운, 그러면서 '눈에 보이지는 않는' 질환이 인간의 삶을, 그리고 더 나아가 사회를 갉아먹으리라 전망한 것이다. 우리나라의 경우도 예외는 아니다. 이미 우울증의 사회적 비용은 2012년 기준 연간 8조 3천억 원 정도이며, 더욱 증가하고 있는 추세이다. 우울증이 개인의 고통을 넘어 사회 전반에 어두운 그림자를 드리우고 있는 것이다.

한 연구에서 보고하는 우리나라의 우울증 평생 유병은 약 5%에 달하고, 서구와 비교하였을 때 문화의 특성상 우울감을 보고하는 역치가 높아, 실제 우울 증상이나 우울증을 겪는 인구의 비율은 더 높을 것으로 예상한다. 우울증으로 인한 고통을 개인의 나약함으로 치부하는 무지함과 필요 이상으로 타인의 시선을 의식하고, 격식을 차리는 문화적 특성 탓에 정신건강의학과의 문턱을 쉽게 넘지 못하는 이들이 너무 많다. 우울증을 제때 치료받지 못하고, 만성화가 된 다음에야 뒤늦게 치료를 시작하는 안타까운 경우 또한 많이 겪게 된다.

우울증 치료를 망설이게 하는 생각들

우울증 치료를 피하려는 이들에게서, 다음과 같은 공통적인 생각의 유형들이 발견된다.

1. 내가 우울증이 아니기를 바란다.

자신의 삶이 우울증의 늪에 조금씩 빠져들어 가고 있지만, 대부분의 사람 생각은 '나는 아니겠지. 이러다 말겠지.'라는 생각을 한다. 오랜 기간 머무르며 비바람을 일으키는 장마를 보고도 그저 스쳐 가는 소나기일 것이라고, 나는 곧 괜찮아질 것이라고 생각하는 것이다. 마치 나를 노리는 짐승들이 알아서 지나가기를, 모래에 머리를 파묻고 기다리는 타조의 모습과 같다.

'일상적인 우울감'의 수준이라면, 시간이 지남에 따라 기분의 물결은 잠잠해지기 마련이다. 하지만, 마음을 휘감아버리는 깊고 높은 우울증의 파도는, 시간이 지나면서 사라지기보다 적절한 치료를 받지 않으면 더 거세게, 격렬하게 몰아치게 된다. '골든 타임'을 놓쳐버린 우울증은 만성적인 우울감과 무기력감을 유발하며, 일상생활과 대인관계, 사회생활 등 삶의 전반적인 영역을 무너뜨릴 정도로 파괴적이다.

2. 어디서부터 손을 대야 할지 막막하다.

우울증 치료를 결심하더라도, 어디부터 시작해야 할지, 어디에 가서 치료를 받아야 할지에 대해 막막한 느낌부터 든다고 이야기하는 사람들이 꽤 많다. 결국, 출처를 알 수 없는 민간요법이나, 타인의 극복 수기만을 귀담아듣고 헛된 시간을 보내고 난 뒤, 후회하기도 한다. 심리적인 문제의 해결을 위한 치료의 종류는 세상에 알려진 것만 수백 가지에 달한다고 하니, 치료를 선택하는 데 어려움이 있을 것이다.

무엇보다도 중요한 것은 자신의 우울증의 상태가 어느 수준인지, 어떠한 치료를 필요로 하는지에 대해서 절대로 혼자서, 섣불리 판단하지 말아야 한다는 것이다. 임상 경험이

풍부한, 숙련된 치료자와 함께 상의하여 치료 방향을 결정할 필요가 있다.

초기의 우울증이라면, 인지행동치료(cognitive behavioral therapy), 대인관계치료(inter personal therapy) 등의 근거가 입증된 심리치료만으로도 도움을 받을 수 있다. 혹은, 불면이나 초조함과 같은 증상들에 있어 소량의 약물치료가 도움이 될 수 있을 것이다. 정도가 심한 우울증이라면, 항우울제를 이용한 약물치료를 기본으로, 여러 효과 있는 심리치료를 병합하기도 한다.

3. 보험 문제, 사회적 낙인이 걱정된다.

정신과 치료에 대한 사회적 낙인, 혹은 보험 가입 등의 문제들에 대한 염려로 치료를 미루게 되는 경우이다. 대개는 '취업이 되지 않을 것 같아서', '대학교 입학 시의 불이익이 있을 것 같아서' 염려하거나, 혹은 '보험 가입을 시켜주지 않는다더라'는 식의 근거 없는 소문을 굳게 믿고 고통을 감내하려고 한다.

우선, 기업이나, 학교에서 자신의 건강보험 이력을 동의 없이 조회한다는 '도시 괴담'은 절대로 일어날 수 없는 일이다. (기관에 따라 동의의 과정을 거친 후 조회하는 경우가 있기는 하다.) 정신건강의학과 진료 이력으로 인한 사보험 가입 제한의 경우에도, 소위 'F코드(정신과 병명 코드)'에 대한 차별을 제도적으로 개선하려는 노력이 국가적 차원에서 이뤄지고 있으니 기대해볼 만하다. 최근에는 실손보험의 보장 범위를 우울증, 공황 장애 등의 정신과 질환에도 적용하는 등 조금씩 개선의 움직임이 보이고 있다. 만약 건강보험의 이력이 남는 것이 두렵다면, '일반진료'를 받는 방법도 가능하다. 무엇보다도, 이런 외부적인 요인들보다도 현재, 나의 삶이 더 중요하지 않은가. 치료의 득과 실을 좀 더 냉정하게 따져봐야 할 것이다.

우울증 치료를 망설이는 당신에게

우울증으로 고통받는 이들에게 보이는 역설적인 현상은, 대개 자신의 우울증이 '심한 수준'임을 누구보다도 뒤늦게 알게 된다는 것이다. 가족들을 비롯한 가까운 사람들이 염려의 말을 건네도, '나는 아닐 거야'라는 생각으로 부정을 가장한 회피를 선택하는 경우가 부지기수이다. 분명, 정신건강의학과의 문을 두드리기가 절대 쉽지만은 않다. 하지만 이 말을 기억하기 바란다. 자신이 우울증인지 아닌지, 긴가민가하다면 그때가 바로 치료를 받을 때라는 것을.

OO만 보면 너무 무서워요

공포감, 다시 바라보기

우리는 살아가며 공포라는 단어와 자주 마주친다. 많은 이들을 경악하게 하는 사건에는 어김없이 '공포스러운'이라는 수식어가 붙으며, 서늘한 여름이면 우후죽순으로 쏟아지는 공포 영화, 놀이 공원의 자이로드롭에도 '재미있지만 오싹한' 이미지를 덧씌운다. 그 공포의 상황이 의도됐든 의도되지 않았든 간에 공포의 순간에는 오금이 저리고, 식은땀이 나고, 가슴이 덜컥 내려앉고 이내 두방망이질 치는 등 썩 유쾌하지 않은 증상들이 동반된다. 그래서 우리는 '공포'라는 감정을 불편감을 주는, 가능하면 피해야 하는 것으로 여긴다.

그러나 공포라는 감정은 위기의 순간 적절하고 빠른 대처를 할 수 있도록 우리 몸과 마음을 준비시키는 역할도 한다. 불안과 마찬가지로 우리가 위험에 처하지 않도록 도와주는 경고등의 역할을 하는 것이다. 이러한 관점에서 우리는 공포라는 감정을 다시 바라볼 필요가 있다.

어느 순간 공포감이 우리 마음에 엄습하더라도, 우리는 공포감에 압도되기보다 무슨 연유로 공포감이 생겼는지, 그리고 그 공포감으로 인해 내가 눈앞의 상황을 온전하게 살피지 못하는 것은 아닌지 고민해봐야 한다. 그리고, 공포감으로 인한 불편함이 결코 우리에게 부정적인 것만은 아니라는 사실도 기억하자. 건강한 삶을 살아가기 위해서는 모든 공포와 불안을 피하려 발버둥 치기보다, 인간의 본능 중 하나임을 인정하며 이를 삶에 통합하려는 노력이 중요할 것이다.

공포증이란 : 높은 곳, 벌레, 좀비… 너무 끔찍하고 무서워요

세상엔 다양한 개성의 사람들이 있는 만큼, 개인이 취약한 부분 또한 모두 다르다. 유독 대인 관계에서 쩔쩔매는 사람이 있는가 하면, 어떤 이는 사람들 앞에서 발표를 앞두고 큰 공포감을 토로하곤 한다. 사실 대부분의 사람은 이런 취

약함이 일시적이거나 강도가 강하지 않아 그 상황에서만 잠깐 불편할 뿐 삶 전체에 큰 지장을 받는 경우는 드물다. 하지만, 사람에 따라선 특정 대상이나 장소에 비합리적인 수준의 극심한 공포를 느끼는 경우가 있다. 평소 삶의 다른 영역에서는 건강한 모습을 보이던 사람이라도 특정 대상을 마주하면 이성을 잃고, 공포에 떠는 모습을 보인다.

특정 대상에 대한 공포가 과해 일상생활, 대인관계, 사회생활에 영향을 줄 때 공포증(특정 공포증, specific phobia)이라고 칭한다.

폐소(좁은 곳)공포증, 고소공포증, 곤충공포증… 공포증의 대상은 셀 수 없이 많다. 우리가 살아가며 접하는 모든 사물과 상황에 '공포증'이라는 단어를 붙여도 될 정도라 해도 과언이 아니다. 대개 사물을 앞에 붙이고 '-공포증'이라는 이름을 붙이는데 곤충이나 귀신 같은 특정 대상뿐만 아니라 높은 곳, 좁은 곳과 같은 장소, 폭풍우나 눈보라와 같은 날씨에 대해서도 공포증이 존재한다. 과장을 좀 더 하면, 세상에 존재하는 모든 것들이 대상이 될 수 있을 테다. 심지어 뾰족한 샤프심에 대한 '첨단공포증'이나, 동그란 구멍이 모인 그림이나 사진을 보면 소름이 돋는 '환 공포증'도 존재하니 인간이 가진 내적 경계심은 가히 놀랄 정도이다.

다른 이들은 '전혀' 공포를 느끼지 않는 대상임에도 끔찍한 공포를 느끼고 불편해하는 모습을 보면서 주위 사람들은 동정심을 가지기보다 의아해한다. 그래서 공포증을 겪는 사람들은 불안과 억울함을 함께 느낀다. 불안을 자주 겪는 이들은 타인에게 기대어 위로받고 공감받으며 불안을 견뎌낸다. 하지만 공포증의 대상은 지극히 개인적이기에 모든 이들에게 공감을 받지는 못한다. 한 사람은 소스라치며 공포에 떨고, 마주 보는 이는 영문을 모르는 상황. 이런 아이러니함 때문에 공포증 환자는 희극이나 문학, 영화의 소재로 등장하기도 하는 것이다.

공포증의 원인은 무엇일까

공포증이 생겨나는 원인에 대해 명확하게 밝혀진 바는 없다. 한 인간의 심리적 토대가 되는 성장 환경에서의 경험, 특히 부모와의 관계를 정신 질환의 '유일한 원인'으로 생각했던 과거와 달리, 현대 의학이 발전하면서 뇌와 신체의 상호작용을 포함하는 생리적 요소와 자신을 둘러싼 사회 문화적인 기반들 또한 정신 질환의 발생 원인이 될 수 있음이 많은 연구를 통해 밝혀지고 있다. 조금 삐딱하게 본다면 '원인은 알 수 없다'가 되지만, 좀 더 정확하게 말하면 '너무 많은 요소가 관여한다' 정도로 요약할 수 있겠다.

개인이 어떤 경험을 했는가에 따라 공포증의 양상은 다양한데, 이를테면 '높은 곳에 올라가면 떨어질 수 있어'라며 평소 높은 곳을 무서워하는 어머니를 보고 자신도 모르게 '높은 곳은 정말 위험하구나' 하고 고소공포증을 '학습'하는 경우가 있는가 하면, 한창 스트레스를 받던 시기에 우연히 징그러운 벌레를 보고 느꼈던 무력감, 공포감이 극복할 수 없는 마음의 흔적으로 남아 공포증이 유발되기도 한다. 그룹 GOD의 멤버 박준형 씨는 모 예능 프로그램에서 과거 인종 차별로 인해 또래에게 담요가 씌워진 채로 구타당했던 기억 탓에 수십 년이 지난 지금도 좁은 곳에 대한 공포가 있다고 고백했다. 탤런트 김희선 씨는 모 프로그램에서 낚시하던 도중 물고기를 보고 공포에 떠는 모습이 포착되었는데, 어린 시절 횟집에서 어른들이 살아있는 물고기를 회 떠 먹는 모습을 보며 생긴 트라우마가 '물고기 공포증'으로 남았다 한다. 이처럼 성장 과정에서 경험한 여러 트라우마가 공포증을 만들어낼 수 있다.

'환 공포증'을 예로 들어 보자. 우선 자신이 두려워하는 가장 약한 자극 예를 들어 환, 혹은 구멍이라는 글자에서부터 두려움을 유발하는 구멍이 여러 개 있는 사진, 혹은 실제 사물과 같은 가장 강한 자극까지 높낮이를 정한다. 어떤 이들은 공포의 대상을 연상케 하는 글자만 봐도 겁에 질리는 경우가 있으니 대개 '공포 대상의 글자 - 사진이나 그림 - 실제 사물이나 대상' 순으로 공포의 순위가 매겨진다. 그러고 나서 가장 약한 자극에서부터 그 자극에 익숙해질 때까지 반복해서 쳐다보고, 생각하고 느끼도록 한다. 너무 불안하고 무섭다면 처음에는 10분, 그다음 20분, 좀 더 익숙해지면 30분, 이렇게 시간을 늘려가면서 익숙해지도록 한다. 공포의 순간 느끼는 감정의 양상, 그 강도와 공포를 견뎌낸 시간을 기록하는 방법이 이성과 감정의 중심을 잡아줄 수 있다.

의도한 공포감에 처음에는 너무 두려워 도망치고 싶을지도 모른다. 또, 공포를 피하지 않고 견디고 있으면 점점 공포가 심해져 공황 상태에 다다를 것이라는 생각이 들 수도 있다. 하지만, 인간의 몸이 불안을 감지하고 반응하는 데는 한계가 있는 법, 불안이란 놈이 나타나더라도 24시간, 365일

나를 따라다니지 않는다. 비유하자면 불안은 파도와 같은데, 잠시 강렬하게 나타났다 금세 사라지기를 반복한다. 불안과 공포를 견디는 과정에서 두려움과 신체 반응이 파도처럼 밀려오지만, 이내 가라앉는 시기가 분명히 온다.

공포증을 가진 이들에게는 바로 그 첫 경험이 중요하다. 치료는 불안의 아주 작은 단계부터 조금씩 밟고 올라가는 과정을 거치게 되는데, 요점은 불안 자체를 없애는 것이 아니라 스스로 공포의 대상을 견디는 능력을 기르는 거다. 결국 단계적인 치료를 통해 공포감은 영원하지 않고 일시적이라는 것, 공포의 대상은 언젠가는 극복할 수 있다는 것, 나 자신이 특정 대상으로 인해 쉽게 무너지지 않는다는 사실을 깨닫는 것이다.

아버지라는 이름의 무게

—

　많은 이들이 사랑했던 tvN의 드라마, 〈응답하라 1988〉
에서 시청자들의 코끝을 찡하게 만들었던 장면이 있다. 모친
의 갑작스러운 죽음에 장례를 치르던 동일(성동일 분)은 내
내 웃으면서, 차분하게 손님을 맞이하여 가족들을 의아하게
만든다. 하지만, 미국에서 급하게 귀국한 형을 마주하자마
자, 눈물을 터뜨리며 오열한다. "무엇이 급해서 이리 빨리 떠
났느냐. 이제 엄마 없으면 어떻게 사느냐."라며. 그 뒤로 덕
선(혜리 분)의 나지막한 나레이션이 깔린다. "어른들은 그저
견디고 있을 뿐이다. 나이의 무게감을 강한 척으로 버텨냈을
뿐이다. 어른들도 아프다."

　늘 그 자리에 굳건히 서 있을 것만 같은 아버지도 아프

다. 그저 아픈 기색을 가벼이 내비치기에는 어깨에 얹은 짐이 너무 무거워, 애써 감추는 것일 뿐.

아버지도 아프다

"큰 애 대학 등록금 낼 시기는 다가오고, 아까는 돈 빌린 친구한테 계속 전화가 오는데, 받을 면목이 있어야지. 풀 데가 없어서 집에서 술 한잔하려고 해도, 막내 공부해야 한다고, 밖에 나가서 먹으라네요. 막상 누구한테 연락하려니 신세도 초라하고. 혼자 공원에 앉아만 있다가 왔지 뭡니까. 제가, 죽지 못해 삽니다."

최근 잠이 잘 오지 않아 진료실을 찾은, 우울감과 공허함을 토로하던 40대 남성분의 푸념이다. 그야말로 우리 주변에서 볼 수 있는, 전형적인 우울한 중년의 모습이다.

에릭슨이라는 심리학자는, 인생의 단계에 따라 달성해야 할 과업을 이야기했는데, 우리가 흔히 중년이라 일컫는 40~50대에는 가정에서, 직장에서, 사회에서의 "생산성"을 가장 중요한 과제라고 봤다. 대부분의 이 시기의 남성들은 커리어의 황금기를 보내면서, 직장에서는 관리직의 역할을, 집에서는 아이들과 아내를 책임지는 가장의 역할을 하며 충실하게 이 과업을 이루어나간다. 하지만, 생산성이라는 열매의 이면에는, 건강하게 분출되지 못한 억눌린 감정들이 도사리고 있다.

많이 바뀌고 있긴 하지만, 우리나라는 유교 문화를 따른다. 이 문화권 안에서의 아버지의 역할은 늘 엄격하고, 체통을 지키며, 가족들에게 모범이 되는 것이다. 가족들에게 시시콜콜 자신의 생각이나 감정, 내면을 드러내지 않는 '위엄 있는 아버지'를 은연중에 강요하는 것이다. 중년의 남성들은 대개 이러한 문화의 영향 아래에서 성장하였으며, 자신을 드러내고 표현하는 일이 익숙지 않다. 그저 식구들을 먹여 살리면, 가족 모두가 행복해질 것이고, 그러고 나면 자신이 행복해질 것이라는 식의 어설픈 논리에 기대며 어깨에 짊어진 짐들의 무게에 눌려, 코앞만 바라보고 묵묵히 걸어갈 뿐이다.

가면성 우울증

건강보험심사평가원이 2009년부터 2013년까지 5년간의 건강보험과 의료급여 자료를 분석한 결과, 50대 이상 남성 우울증 환자가 4년 만에 4만 6,302명으로 1만 명 이상 급증했다고 밝혔다고 한다. 그야말로 '중년의 위기'라고 불릴 만하다.

중년 남성의 우울증은 가면성 우울증(masked depression)에 가깝다고 볼 수 있다. 가면성 우울증은, 우울증에서 보편적으로 나타나는 우울감이나 무력감과 같은 내면적 변화가 겉으로는 잘 드러나지 않는 반면, 내적 고통이 속 쓰림, 어깨 결림, 과도한 피로감과 같은 신체의 증상들로 나타나는 것이 특징이다. 가면성 우울증은 중년 이상의 나이에서 더 잘 나타난다고 알려져 있다.

우리네 아버지들의 우울증 성향이 이에 가까울 것이다. 내면의 우울감, 좌절감, 무기력감을 애써 감추며, 자신에게 주어진 역할, 그리고 자신이 여태껏 쌓아왔던 것을 무너뜨리지 않기 위해서 무리해서 한 발자국씩 앞으로 나가려 한다. 그리고 이처럼 감정을 감추고 억압하려는 행동은, 결국 증기가 가득 찬 밥솥이 폭발하듯이 자살 충동이나, 분노의 폭발과 같은 행동으로 이어지는 악순환을 겪는다.

'행복의 조건'은 남 이야기인가

지극히 주관적일 수 있는 '행복의 조건'을 과학적으로 연구하여 찾아낼 수 있을까? 하버드 대학의 정신과 의사, 조지

베일런트는 하버드 대학 졸업생들을 대상으로, 60여 년 동안의 전 생애에 가까운 기간의 연구를 통해 인간의 행복을 위해 필요한 조건들을 찾아내려 했다. 발견해 낸 요소들은 다음과 같다.

① 고난에 대처하는 성숙한 대처와 방어기제

② 평생에 걸친 교육

③ 안정적인 결혼 생활

④ 45세 이전의 금연

⑤ 알코올 중독 경험 없는 적당한 음주

⑥ 규칙적인 운동

⑦ 적당한 체중

현재 대한민국 중년의 삶은 여기에 부합하는가? 이 글을 읽고 있는 당신의 삶, 혹은 당신 아버지의 삶은 어떠한가. 눈코 뜰 새 없이 바쁘게 일을 하며, 가벼운 운동이나 휴식을 위한 여유도 없이 삶의 시간을 희생하고 있지는 않은가? 과도한 업무와 막중한 책임감을 담배와 술로 풀고 있는 것은 아닌지. 생산성의 덫에 갇혀, 바쁜 직장생활에 치여, 가족들을 위해 여유를 누리지 못하는 우리네 아버지들에게 이러한 행복의 조건은 요원할 뿐이다.

그럼에도 불구하고, 행복하고 건강한 삶을 누리기 위해서는 변화를 위한 노력이 필요하다.

1. 커뮤니티 만들기

학창 시절의 동창 모임이든, 취미를 공유하는 동호회든 어느 것이든 좋다. 피상적이고 격식만 차리는 딱딱한 모임이 아닌, 진짜 내 마음속에 있는 '작은 아이'를 즐겁게 해줄 수 있는, 자신의 마음을 드러내고 말할 수 있는, 또 그런 말을 하면서 타인의 시선을 크게 신경 쓰지 않아도 되는 커뮤니티를 가지도록 하자. 연결감과 소속감, 그리고 가장 중요한 자기표현의 장이 될 수 있을 것이다.

2. 평생의 취미를 찾아보기

평생의 취미를 가지는 것도 중요하다. 굳이 가족이나 타인과 함께하지 않는 것이어도 좋다. 요즈음은 자신이 배우고자 한다면, 나이에 상관없이 배움의 장이 열려있다. 연주해 보고 싶었던 악기, 운동, 공예 같은 예술 활동들에 열중하는 행위는, 쳇바퀴 돌듯 돌아가는 수동적인 삶에 성취감과 더불어 내면의 깊이를 더해준다. 건강한 삶을 위해서는 과거나 미래가 아닌 바로 지금, 여기에서 존재함을 느끼며 현재의 순간에 집중하는 습관이 굉장히 중요한데, 취미 활동에의 몰입은 이러한 느낌을 고양할 수 있다.

3. 부부 생활을 재편하기 - 자녀들을 위한 삶은 지양하기

자신의 가정이 자녀 중심으로 돌아가고 있지는 않은가? 성장기의 아이에게 사랑과 관심을 듬뿍 주어야 하는 것은 당연하다. 하지만, 어느 정도의 성장이 지난 이후에도 '자녀들을 위한 삶'은 곤란하다. 자녀들이 독립하기 시작하는 중년기에는, 자녀 중심의 삶에서 부부 중심의 삶으로 가정의 형태가 재편되어야 한다. 그러기 위해선, 부부간에 원활한 의사소통을 위해 정서와 생각을 공유하며, 관계를 탄탄하게 다져나가야 한다. 함께 공통된 모임을 가지거나, 취미 생활을 하는 것도 좋다. 이 과정이 중년을 맞이하기 전부터 미리 습관화된다면, 부부 중심의 공동체는 중년의 위기를 극복해 나갈 수 있는 삶의 버팀목이 될 수 있다. 또한, 이것은 이미 독립을 향해 나아가고 있는 자녀를 위한 일이기도 하다.

4. 감정을 표현하는 연습하기

가장 중요한 요소이다. 슬픔이든, 초조함이든, 분노든 화를 제때 표현하는 것이 중요하다. 특히, 중년의 남성들은 이 부분이 가장 취약하다. 감정을 표현하는 것은 어색할뿐더러 나약함을 드러내는 것 같은 두려움을 자아내고, 인간에게는 자신의 나약함을 드러내는 순간 쌓아 왔던 것들이 무너질 것이라는 근거 없는 내면의 공포가 있기 때문이다. 그럼에도 불구하고, 감정을 표현하지 않는다면 언젠가는 필연적으로 굉음을 내며 폭발해버릴 것이다.

어려운 것이 있으면 어렵다, 힘든 것이 있으면 힘들다, 아픈 곳이 있으면 아프다고 표현을 해야 한다. 말로 하기 어렵다면 메시지를 쓰거나 편지를 이용해도 좋을 것이다. 조금씩 자신의 감정을 표현하다 보면 스스로가 외면하고 있었던 진짜 내면 속의 자신을 발견할 수 있다. 첫 시도가 어색하겠지만 반복되는 시도는 뇌세포들 간의 신경전달 트랙을 만들고, 결국 익숙해지게 된다.

자신을 좀 더 드러내고, 억눌렸던 감정의 압력을 조금씩 빼내는 것이, 그러면서 익숙하지는 않겠지만 가족과 주변의 위로를 받아들이는 것이, 가면 속에서 홀로 힘겹게 버티고 있는 내면의 내가 행복해질 수 있는 해답이 되지 않을까.

나 자신이 마음에 들지 않아요

Q

전 제 자신이 마음에 무척 들지 않습니다. 몇몇 가지 그런 게 아니라, 모든 것들이 다요. 외모부터 옷 입는 것, 키, 몸무게, 살찐 것도 직업도, 정말 그냥 그래요.

30대가 되었는데 집도 없고 차도 없고, 명품시계나 그런 것들은 사치라 생각해 돈을 버는 그대로 적금해서 돈을 모으고 살아도 모이는 돈은 없고… 딱히 사는 게 좋지가 않아요. 뭔가 크게 나아질 것 같지도 않고요. 이미 출발이 한참 늦어버린 기분이랄까요. 마음먹은 대로, 계획한 대로 인생이 흘러가지 않고 있어요.

제가 제 자신이 마음에 들 정도로 만족할 만한 인생을 살고 싶은데, 죽을 때 후회 없는 행복한 인생을 살고 싶은데, 어디서부터 어떻게 손 대야 할지 모르겠습니다. 늘 같은 문제에서 맴도는 것 같아요. 다른 사람들과 나를 비교하게 되면서요. 저는 어떻게 해야 할까요?

A

　돈과 명예를 가득 쥔 삶, 희망찬 미래를 꿈꾸며 살아가는 삶은 얼마나 이상적일까요. 누가 봐도 멋진 삶, 부러워하는 삶을 사는 이들이 얼마나 행복할까요. 하지만, 바꾸어 생각해보면 그 모든 것이 충만한 삶은 말 그대로 '이상'에 가까울 겁니다. 모든 인간에게 삶의 이상과 목표는 참 중요합니다. 삶이 앞으로 나아가는 이정표가 될 수 있지요. 그렇다 해서 그 모든 목표를 달성하고, 내가 원하는 것을 다 충족하고 살 수는 없습니다. 괴리감이 생길 수밖에요. 이상과 현실 사이의 괴리감, 이 감정이 바로 현재 느끼고 있는 불편함의 원인이 아닐까 합니다.

　그러한 괴리감이 처음부터 극명한 차이가 나지는 않았을 테지요. '어라, 생각보다 잘 되지 않네'라는 정도였을지도 모릅니다. 하지만 시간이 지나면서 내가 목표했던 삶과 현재의 내 모습 간에 격차가 점차 벌어지기 시작했을 겁니다. 예전에 꿈꾸었던 내 삶이 이게 아닌데, 하면서도 이미 온 길을 돌아갈 수는 없기에 멀어져만 가는 이상향은 안타깝게만 느껴집니다. 거울에 비친 내 모습이 성에 차지 않고, 때로는 미워지기까지 합니다. 처음에는 한두 가지 영역에서의 불만족으로 시작했지만 점차 삶 전반이 다 실패한 것처럼만 느껴집니다. 그렇게 삶 전체에 대한 불만족이 번져가는 것이지요.

중요한 건, 과거와 현재는 다르다는 겁니다. 과거에 꿈꿨던 이상과 꽤 오랜 시간이 흘러 새로운 현실을 만났을 때의 이상과 목표는 달라져야 합니다. 새로운 기준점을 설정할 때가 아닌가 생각합니다. 지금처럼 삶 전체가 불만족스럽다 느끼신다면 더욱 그러합니다.

이상과 현실의 괴리감을 자신이 얼마나 받아들일 수 있는가에 따라 현재 삶에 대한 만족도가 많이 달라집니다. 자신의 삶을 바라보는 일정한 '커트라인'이 있다고 생각해 볼까요. 커트라인의 수위가 높다면 목표를 달성하기 위해 열심히 사는 원동력이 되기도 하지만, 대개는 그 과정으로 가는 도중 지치거나, 달성하지 못한 자신에 대해 자책하게 되는 경우가 더 많습니다.

이 '커트라인'은 누가 만드는 걸까요? 바로 우리 자신이 의식적으로든 무의식적으로든 자신에게 스스로 들이대는 잣대입니다. 즉, 내가 만들어온 것이지요. 그렇다면 새로운 삶의 기준점을 설정하는 것도 내가 할 수 있는 일입니다. 그 기준을 조금만 더 낮게 설정할 수 있다면, 그렇게 함으로써 한두 가지라도 '꽤 괜찮은' 점을 발견할 수 있다면 삶을 유지하는 충분한 이유가 될 수도 있습니다. 설령 모든 삶의 영역이

만족스럽진 않더라도 말이죠. 내 삶에 있어 만족의 기준점을 설정하는 일은 오롯이 나 자신만이 가능한 일입니다. 내가 과도한 이상을 찾고 있었던 건 아닌지, '그럼에도 불구하고' 내 삶에서 만족할 만한 점은 무엇인지에 대해 고민해보실 수 있다면, 삶 전반의 불만족에 대한 해답을 찾으실 수 있지 않을까 생각합니다. 인생이란 것이 그리 거창한 건 아닐지도 모릅니다. 현재의 삶에서 한두 가지 만족할 거리를 찾을 수만 있다면, 인생을 살아갈 이유는 충분하다 느끼실지도 모릅니다.

마지막으로, 삶의 새로운 기준점을 설정하기 위해서 현재의 내 모습을 거리를 두고 객관적으로 바라보고, 있는 그대로 받아들여야 할 필요도 있습니다. 이상과 비교하여 충분치 않은 외모, 경제적 능력, 주변 상황이라 할지라도 현재, 거울에 비친 있는 그대로가 분명 나의 모습입니다. 내 모습이 그리 사랑스럽게 느껴지지는 않아도, 흠을 짚어내고 비난하는 행동은 현재의 불편한 감정을 더욱 키울 뿐입니다. 자신의 모습을 수용하기 위해서는 스스로를 가엽게 여기는 자기연민의 감정이 필요하지 않나 생각합니다. 그간 이상과 현실 사이의 괴리감 탓에 자신에게 향했던 비난에 상처받았을 '나'를 떠올리면서 말이죠.

SNS의 시대, 건강한 자존감 지키기

SNS의 시대, 우리의 자화상

페이스북, 트위터, 스냅챗, 인스타그램, 밴드….

자신의 스마트폰에 위에 언급한 앱이 몇 개나 설치되어 있는가. 아마 나이와 성별을 막론하고 이중 적어도 한 가지 이상의 앱을 사용하거나, 서비스에 가입되어 있을 것이다. 많은 사람이 소셜 네트워크 서비스에서 자신의 일상과 생각, 느낌을 공유하곤 한다. 최근 한 조사에 따르면 전 세계의 SNS 이용자 수는 24억 6천만 명으로, 이는 세계 인구의 1/3에 이른다고 한다. 스마트폰 보급률이 다른 나라보다 높은 우리나라에서는 더욱 높은 비율을 보인다. 인터넷 기술과 정보 통신의 비약적인 발달로, 우리는 지금 SNS의 홍수 속에 살고 있다 해도 과언이 아니다. 블로그, 페이스북, 트위터, 인스타그램에 사진 한 장 올려보지 않은 사람은 아마 없을 것이다. 그만큼 SNS는 이미 우리 삶 속에 깊이 뿌리를 내리고 있다.

- 싸이월드 - 내가 이렇게 감수성이 많다.
- 페이스북 - 내가 이렇게 잘 살고 있다.
- 블로그 - 내가 이렇게 전문적이다.
- 인스타그램 - 내가 이렇게 잘 먹고 있다.
- 카카오스토리 - 내 아이가 이렇게 잘 크고 있다.
- 트위터 - 내가 이렇게 이상하다.

장난스럽게 각 SNS의 특징을 보여주는 문장이다. 공통적인 것은 주어가 '나'라는 것이다. SNS는 내가 무슨 일을 하는지, 내가 어떤 사람인지, 내가 무엇을 얼마나 가졌는지를 보여주는 창구이다. 또 SNS는 본연의 기능인 소통과 연결을 도울 뿐만 아니라, 이용자의 감정과 이상, 심지어 마음 깊은 곳의 무의식을 드러내는 역할도 하고 있다. 아이러니한 건, 자신이 SNS에 내면의 그 무엇을 드러내고 있다는 사실도 모르는 경우가 많다는 것이다.

SNS의 과시욕, 인정-승인의 욕구

SNS에 자신의 일상을 드러낸 사람들은 타인의 반응을 꽤 신경 쓰게 된다. 이는 인터넷상에 올린 자신의 사진과 글에 자신의 무의식적인 내면이 투사되기 때문이다. '페친', '인친' 들이 긍정적인 반응을 보이면 어깨가 으쓱하지만, 아무도 관심을 가져주지 않을 때면 괜스레 마음이 한쪽이 쓸쓸하고 불편해진다. 어떨 때는 '좋아요' 하나 눌러주지 않는 이들을 원망하기도 한다.

우리가 SNS를 통해 자신의 일상을 드러내고, 거기에 일희일비하는 이유는 무엇일까? 인간이 가진 가장 기본적인 욕구인 인정-승인의 욕구(Need of Approval seeking)에서 그 답을 찾을 수 있을 것이다. 인간은 태어나서 성장하는 과정에서 혼자의 힘으로만 살아갈 수 없다. 신생아는 인간에게 가장 기본적인 식사, 수면, 배설 등의 활동에도 부모의 전적인 도움이 필요하다. 그렇기에 아기는 본능적으로 타자의 힘이 필요함을 감지하며, 생존을 위해 이에 의지하려 한다. 결국 아이의 생존과 성장에는 사랑과 인정이 필요할 수밖에 없다.

출생 초기에는 부모가 이런 역할을 하고, 점차 친구-선생님-연인 등으로 그 관계가 확장된다. 성장 과정에서 얻게 되는 자신감과 자기애는 평생 건강한 자존감의 밑거름이 된다. 이러한 관성은 성인이 되어도 없어지지 않고 자신을 늘 사랑해 준 부모님뿐만 아니라 친구, 연인 등 타인의 인정과 사랑을 추구한다. 타인의 인정과 사랑이 생존의 밑거름이라는 생각이 우리의 깊은 무의식 속에 숨어 있는 것이다. 이렇듯 SNS를 이용하는 이들의 심리의 기저에는 타인에게 인정받고, 사랑받고 싶은 기본적인 욕구가 녹아 있다. 욕구가 충족되지 않는다면 정도의 차이가 있지만 내적 불안이 생겨난다. SNS에서 지나치게 관심에 목말라하는 이들은 이러한 내적 불안에 다른 이들보다 민감할 가능성이 높다.

SNS, 무의식적 자존감의 척도

"트위터는 인생의 낭비다.
인생에는 더 많은 것들을 할 수 있다.
차라리 독서를 하길 바란다."
- 알렉스 퍼거슨, 전 맨체스터 유나이티드 감독

타인에게 인정과 사랑을 바라는 것은 지극히 자연스러운 본연의 욕구다. 문제는 자신의 욕구와 현재의 삶과의 균형이 깨어질 때 생긴다. 잉글랜드 프리미어 리그의 전설적인 감독, 퍼거슨 경이 한 말이 많은 사람에게 회자되고 있다.

SNS를 통해 과도한 관심을 받게 된 이들은 그 짜릿함에 점차 중독되어 정도를 벗어난 사진이나 글들을 올리게 된다. 내 글이 얼마나 타인에게 관심을 받고 있는지, 타인이 자신의 글에 '좋아요'를 얼마나 눌러주는지가 무의식적 자존감의 척도가 되는 것이다. 또, 자신이 올린 사진이며 글에 다른 이들이 아무런 관심을 보이지 않으면 금세 불안해한다. 이는 관심과 무관심, 환희와 좌절 사이에서 아슬아슬한 줄타기를 하는 것과 같다.

하지만, 개인이 행복하고 즐거운 모습을 보여주는 데는 한계가 있기 마련이다. 항상 긍정적인 모습만 보여주던 관성이 강박관념을 만들고 이는 결국 불행의 씨앗이 된다. 또 한 가지 우리가 간과하는 것은, SNS는 '자신의 최고의 순간'을 기록하는 경우가 많다는 것이다. 타인이 담벼락을 일상에서 구경하는 사람들은 자신의 평범한 삶과 비교하게 되고, 한없이 초라해짐을 느끼게 된다. 마음속에 자신이 가지지 못한 것들, 채워지지 않은 욕구들을 타인은 마음껏 누리고 있는 것을 볼 때, 자존감에 금이 가고 마음속에 열등감이 불타오르게 된다.

'쟤는 나랑 동갑인데, 벌써 저렇게 좋은 차를 타고 다니네….'
'나는 야근하느라 집에도 못 가는데, 쟤는 하와이 놀러 갔
네….'
'거울 속의 나는 이렇게 뚱뚱한데, 쟤는 날씬하고 예쁘네….'

이런 생각, 해보지 않은 사람이 있을까? 나 자신도 SNS에
서 접하게 되는 사람들의 자랑 홍수 속에서 열등감에 허우적
거리다, 불편감을 느끼고는 이내 SNS를 꺼 버리곤 하니까.

건강한 자존감 지키기 : 나는 무엇으로부터 자극받는가

SNS상의 수많은 자극적 메시지들 속에서 우리의 자존
감은 쉽게도 무너진다. 내가 원했든, 원하지 않았든 간에 내
가 살피는 글과 사진들은 마음 깊은 곳의 무의식을 건드린
다. 그렇다고 다치지 않기 위해 SNS를 모조리 다 탈퇴해버리
는 게 답은 아닐 것이다. 자신이 자극받는 요인들, 자극받는
자신의 마음을 잘 살펴보는 과정을 통해 자신에 대한 통찰을
키워나가야 한다.

SNS에서 자신이 팔로우하는, 혹은 관심을 가지고 자주

들르는 페이지들을 한 번 살펴보자. 분명 공통되는 주제들을 가지고 있음을 알 수 있을 것이다. 어떤 이는 뷰티, 메이크업, 패션 등에 관심을 가지고, 또 어떤 이는 대인 계의 기술이나, 직장 상사의 뒷담화 등이 적힌 글들을 흥미 있게 본다. 선망하는 롤 모델(role model)이 올린 사진이나 글들을 보며 부러움을 느끼기도 한다. 미음 한쪽에는 불편함이 조금씩 올라오는 걸 모르는 채로.

자신이 집착하는 주제들은 대개 자신이 가진 결핍감(Defectiveness)과 연결된다. 자신도 모르는 사이에, 무의식은 자신의 부족한 부분을 채우고 열등감을 극복하고자 관련된 정보들을 받아들이려 한다. 아무 생각 없이 SNS를 팔로우하는 와중에도 무의식이 열심히 일하고 있는 것이다. 하지만 의식 수준에서의 자각과 통찰이 결핍된 무의식의 활동은 허물어지기 쉬운 모래성과 같다. 자신이 부족하다고 여기는 것들을 무분별하게 받아들이다 보면 역효과가 나기 십상이다. 무엇 때문에 배고픈지 모르고 무작정 음식물을 입안에 밀어넣는 행위와 같다. 처음에는 포만감이 느껴지겠지만, 금세 다시 공허감이 따라오게 된다.

나의 열등감을 건드리는 정보들로부터 나를 지키기 위

해서는 우선 '나'에 대해 충분히 알아야 한다. 성장 과정, 중요한 대상들로부터의 영향, 그로 인해서 형성된 나와 세상과 미래를 바라보는 나의 시각이 어떠한지에 대한 고찰이 필요하다.

우리 모두는 외부로부터 자극받는 원인이 다 다르다. 어떤 이는 외로움, 우울함과 관련된 주제의 포스팅을 보면 종일 기분이 좋지 않고, 또 다른 이는 사람들이 즐겁게 살아가는 모습을 보며 열등감에 시달리기도 한다. 내가 어떠한 연유로 이러한 자극으로부터 영향을 받는지, 왜 그러한지, 나의 삶의 어떠한 부분이 영향을 미치는지, 그리고 그런 영향을 받은 나의 시각은 어떠한지를 곰곰이 들여다본다면 과도한 자극은 피하고, 자신에게 정말로 필요하면서도 온건한 수준의 정보를 걸러낼 수 있게 된다. 과도한 자기 노출과, 이에 대한 강박관념을 가진 이 또한 자신에 대한 통찰이 해답이 될 것이다. 이런 태도가 바로 건강한 자존감으로 이어지게 되고 건강한 삶을 사는 초석이 되는 것이다.

자신을 칭찬하는 기술

자존감, 나를 어떻게 바라볼 것인가

자신의 마음 건강이 중요한 시대다. 과거의 생존을 위한 물질적인 빈곤 탈출만을 추구하는 시대는 이제 지나가고, 더 나은 삶의 질을 원하는 세상이다. 옳고 그른 것들이 뒤섞여 범람하는 혼란스러운 시대다. 중심을 굳건히 잡고 서 있지 못한다면, 금세 흐트러지거나 무너지기 십상이다. 마음 건강은 우리 삶에서 중심을 잡고 설 수 있게 도와준다.

우리의 마음 건강을 위해 신경 써야 할 것 중 하나가, 바로 '자존감'이다. 자존감은 영어로 'self-esteem'이고, 단어의 원형을 찾아보면 '자신을 평가함'이라는 뜻을 가지고 있다. 그러니까, 자존감이라 함은 자신을 어떻게 바라보고 있는가에 대한 감각인 것이다. 포인트는 '내가 나 자신을'이라는 부분에 있다. 가진 것이 많고 남들이 부러워하는 외양을 지닌 이들도 '내가 나 자신을' 하찮은 존재로 여기게 된다면 삶은 괴로워진다. 이런 삶이, 타는 듯 뜨거운 아프리카의 태양 아래 살면서도 삶에 충실한 원주민들보다 자존감이 높다고 할 수 있을까.

자존감은 학습된 것, 다시 배울 수 있다

이쯤에서 자신을 한번 돌아보자. 자신의 모습, 자신이 가진 것들에 감사하고 만족하는 삶을 살고 있나. 아니면, 가슴 한구석에 늘 휑한 느낌, 그래서 무엇인가 부족한 느낌에 시달리고 있진 않은가. 타인의 시선에 휘둘리진 않았는가. 나는 나 자신을 어떻게 바라보고 있는가.

자존감에 대한 나쁜 소식과 좋은 소식이 하나씩 있다. 먼저 나쁜 소식은, 현재의 자존감의 모습은 먼 과거의 성장 과정에서부터 우리 삶에 서서히 스며들어 깊이 뿌리 내려 있다는 것이다. 부모님과 가족들, 학교에서 만난 친구들, 선생님, 사랑했던 연인들과의 관계가 그 시각에 영향을 미쳤을 것이다. 또, 주변에 일어난 불가항력의 사건이나 갈등 또한 자존감을 형성하는 데 이바지한다. 현재의 나를 바라보는 시각은 짧게는 10여 년, 길게는 수십 년의 티끌이 쌓인 태산인 것이다.

나쁜 소식만 있는 건 아니다. 자존감이 어떻게 형성되는지에 대해 앞에서 설명했는데, 이를 뒤집어보면 결국 자존감도 삶의 과정에서 '학습한 것'이라는 결론이 나온다. 우리가 학교에서 배운 삶의 규칙과 지식이 현재의 삶을 규정하듯, 자존감을 형성하는 요소들도 알게 모르게 지식의 형태로 의식과 무의식에 저장되어 있다. 그러니까, 자존감은 얼마든지 다시 배워나갈 수 있다. 시간과 노력을 들어 바꿀 수 있다는 것이다. 물론 긴 시간 동안 형성된 자존감을 한 번에 엎을 수는 없겠지만, 조금씩이나마 나를 옥죄는 자존감이 변할 수 있다면 분명 삶의 무게가 좀 덜어질 수 있을 것이다.

나를 어떻게 칭찬할 것인가 - 칭찬의 기술

자존감 향상을 위해 꼭 해야 할 것 중 하나가 '칭찬하기'이다. 늘 상대의 눈치를 보고, 자신감 없는 이들도 지나가는 칭찬의 말 한 마디에 힘이 나게 된다. 나를 잘 모르는 이가 툭 던진 칭찬도 자신감의 자양분이 될 수 있지만, 진정 중요한 것은 자신을 칭찬하는 일이다. 낮은 자존감을 가진 이들은 자신에 대한 비판 거리밖에 떠오르지 않는다. 외모, 행동, 자신이 했던 실수들이 항상 머릿속을 맴돌아 애꿎은 머리만 쥐어뜯게 된다. 자신을 칭찬하는 일은 익숙하지 않을뿐더러, 매우 어려운 일이다. 하지만, 꼭 자신을 칭찬하는 습관을 들이는 것은 반드시 필요한 과정이기도 하다. 그리고 자신을 칭찬하는 데도 '스킬'이 존재한다.

자존감의 문제를 토로하는 분들에게는, 매일 '칭찬일기'를 적어보도록 권유한다. 자기 전 잠자리에 누워, 스마트폰 메모 앱을 열고 오늘 하루 중 칭찬 거리를 찾아보는 것이다. '칭찬할 것이 하나도 없다'고 이야기하는 사람이 많다. 하지만, 그런 이야기를 하는 이들도 오늘 칭찬일기를 써 보려고 잠시 하루를 되돌아봤다는 것이고 변화하기 위한 노력을 잠시라도 했다는 말이다. 그럼, 그게 바로 칭찬할 내용인 것이다.

칭찬의 기준을 높게 잡을 필요는 없다. 오히려 낮게 잡는 연습이 필요하다. 10개의 눈금을 가진 수직선 하나가 눈앞에 있다고 가정해보자. 대개 칭찬을 할 수 있는 일인지 아닌지의 기준을 수직선의 정 중앙, 그러니까 '5'로 삼는다. 5를 넘지 못하면 칭찬보다는 '해내지 못한' 일이라 여긴다. 그리곤 자책하고, 좌절한다. 하지만, 이제부터 기준으로 잡을 숫자는 '0'이다. 내가 변화하기로 마음먹었다면, 모든 일련의 행동들에 칭찬 거리가 숨어 있다. 자기 비난이 심한 이들은 비난의 색안경을 끼고 자신을 바라본다. 그래서, 잘했던 일들에서도 비난거리를 찾곤 한다. 자신이 그렇지는 않은지 생각해 보자. 그리고 칭찬의 기준을 좀 더 끌어내릴 필요가 있는 것이다. 생각해보면 무사히 출근한 일, 점심을 맛있게 먹고 잠시 행복했던 일, 오늘 해야 할 업무를 시간 안에 마친 일 모두 칭찬할 것 투성이 아닌가?

그다음은 칭찬받은 것에 대한 충분한 보상을 준비하는 과정이다. 말로 하는 칭찬이 마음에 와닿고 이로 인해 변화할 수 있으면 좋겠지만, 자기 비난이 습관이 된 이들이라면 칭찬의 말이 한 귀로 들어와 스르륵 다른 쪽으로 흘러나가 버린다. 칭찬을 들어도 채워지지 않는 것이다. 그러니, 자신을 위한 선물을 준비해 보자. 칭찬일기의 내용이 쌓이기 시작하면, 여기 맞춰 자신만의 보상 체계를 만드는 것이다. 이를테면 매일 칭찬 거리 5개씩을 찾으면 주말마다 가장 좋아하는 맛집에서 푸짐하게 음식을 먹는다거나, 칭찬 개수가 일정 분량을 넘으면 계절에 맞는 패션 아이템을 하나씩 사는 것이다.

자신이 무엇을 받을 때 가장 기쁜지는, 자신만이 알 수 있다. 칭찬과 더불어 그에 맞는 기쁨들이 함께한다면 스스로 하는 칭찬의 힘은 배가될 수 있을 것이다. 또, 스스로 건네는 칭찬만이 마음 안에서 불안에 떠는 어린아이의 마음을 위로해줄 수 있다. 칭찬을 습관화하고, 건강한 수준으로 자존감을 조금씩 끌어올리기 위해선 자신에게 좀 더 관대한 방법으로 칭찬과 보상을 반복하는 것이 꼭 필요하다.

감정의 파도를 타자

내 감정, 내 마음대로 되지 않는다

인간은 다양한 감정을 느낀다. 기쁨, 슬픔, 분노, 불안, 놀라움 등의 다양한 감정은 개체가 어떻게 행동해야 할지를 알려주는 신호와 같다. 또, 다양한 감정 표현의 습득을 통해 상대와의 관계가 더욱 얽혀 들어가게 되며, '무리 중의 하나'로 사회화되게 하는 효과도 있다. 물론 이러한 긍정적인 기능만 있는 것은 아니다. 특히 강렬한 부정적 감정은 상황에 맞지 않는 부적절한 행동을 유발하며, 자신과 타인에게 상처를 주어 관계를 어긋나게 한다.

감정을 조절하기 위해 우리가 가장 먼저 떠올리는 방법은 '참는 것'이다. 감정을 마음 상자 깊은 곳에 밀어 놓고, 보이지도 않도록 가린 다음 상자 뚜껑을 닫아버린다. 당장 내 감정이 눈에 보이지 않으니 해결된 것만 같기도 하다. 물론 사소한 감정들은 덮어놓고 잊어버리는 것이 가장 쉬운 방법일지도 모른다. 그러나 감정 부스러기가 쌓여갈수록 마음 상자 안에 더는 숨길 공간이 없어지고, 결국 감정이 어떤 형태로든 터져 나올지도 모른다. 강렬하게 타오르는 감정은 마음 상자 전체를 화염에 휩싸이게 할 정도로 강력한 파괴력을 지닌다. 또, 감정을 마주하지 못하고 일단 덮어놓는 태도는 감정에 대한 회피를 습관적으로 만든다. 그러다 보면 작은 감정에도 쉽게 휘둘리게 될지도 모른다.

감정은 참는 것이 능사가 아니다. 그렇다고 감정을 있는 그대로 마주하기에는 두렵다. 그러다 보니 어찌할 바 모르고 감정에 휘둘리는 행동이 이어진다. 이러한 문제에 대해서는 마음 챙김(mindfulness)이라는 개념에서 그 해답을 찾을 수 있을 것 같다. 마음 챙김은 동양의 선(禪) 사상과 명상의 핵심 요소들을 서양의 심리학에 통합시켰고, 여러 정신질환, 심리적 스트레스 등에 큰 효과가 있음이 이미 과학적으로 입증된 바 있다. 마음 챙김에서는 감정을 변화시키거나 조절하려는 노력보다는, 감정을 객관화하여 거리를 두고 감정이 서서히 사그라드는 것을 지켜보는 데 주안점을 둔다. 우울, 분노, 불안과 같은 감정을 없애야 할 것, 변화시켜야 할 것으로

보는 현대 정신의학과 심리학의 견해와는 다소 다른 접근이
라 할 수 있겠다.

1. 감정은 마음에 일어난 현상이다 : 감정에 거리 두기

감정으로 인해 흔들리는 나 자신을 발견했다면, 우선 감
정에 조금 거리를 두도록 하자. 감정을 객관적인 것으로 여
기도록 하는 것이다. 거리를 두는 가장 좋은 방법은, 감정에
이름을 붙이고 점수를 매겨보는 것이다. 그 결과를 메모로
기록하는 것도 좋겠다. 감정을 이성적으로 통제하는 쉽고도
훌륭한 방법 중 하나가 기록하기이다.

감정은 마음에 일어난 현상 중 하나일 뿐이다. 하늘이라
는 공간에는 구름이 흘러가고, 햇볕이 나왔다 들어가고, 밤
에는 별이 반짝였다 이내 사라진다. 하늘 안에 구름, 해, 별,
비바람 등이 나타나지만, 언젠가는 사라진다. 그리고, 여러
현상이 나타났다 사라진다 해서 하늘이라는 본질이 변하는
것이 아니다. 마음도 마찬가지다. 감정이 나타났을 때 기분
이 나빠지고, 몸이 경직되고, 가슴이 두근거리는 등의 변화
가 나타나지만 결국 이것은 스쳐 지나가는 현상 중 하나이
다. 감정을 현상으로 바라볼 수 있다면 '나는 화가 난다'는 감
정의 표현이 아닌, '내가 화라는 감정을 가지고 있구나'라고
표현할 수 있다. 내가 감정을 '가지고 있는' 것이라면, 언제든

'놓아버리고 보내줄 수' 있게 된다.

또 하나, 자신이 인식한 감정에 대해서 비판단적 관찰이
필요하다. 좋다, 나쁘다, 두렵다, 무섭다,라는 개념이 자신의
감정을 붙들고 있게 만들기 때문이다. 감정이 인식되는 순
간, 이를 붙잡지 않고 가만히 놓아두고 지켜볼 수 있다면 감
정은 저절로 사그라들기 마련이다.

2. 감정의 파도를 타자 : 감정의 은유화

감정을 거리를 두고 볼 수 있다면, 인식된 감정을 시각화
하는 것 또한 감정을 잘 파악하는 데 도움이 될 수 있다. 감
정을 특정 사물로 은유화 할 수 있다면 감정의 흐름과 변화
를 더욱 잘 인식할 수 있게 된다. 몸에 힘을 빼고, 몸을 조이
는 것들을 조금은 느슨하게 해보자. 깊은 심호흡과 함께 눈
을 감고 시각화된 감정을 바라보는 연습이다. 다음 세 가지
의 장면 외에도 수조를 더럽힌 모래들이 시간이 지나며 가
라앉는 장면, 낙엽이 높은 곳에서 서서히 바닥으로 떨어지는
장면 등 다양한 상황을 활용해볼 수 있다.

① 시냇물에 흘러오는 낙엽에 감정을 띄워 보내기

자신이 숲속 시냇가에 서 있다고 생각해보자. 상류에서
흘러온 냇물을 따라 나뭇잎이 떠내려오고 있다. 자신의

감정이 인식되는 순간, 흘러오는 나뭇잎에 감정을 고스란히 띄워 보내는 것이다. 가만히 호흡에 집중하며 감정을 실은 나뭇잎이 서서히 멀어져가는 모습을 온전히 상상할 수 있다면, 몸과 마음에서의 끓어오르던 감정이 사그라드는 것을 알아챌 수 있을 것이다.

② 마음의 파도를 타기

높은 파도는 결국 잔잔한 물결로 수렴한다. 우리 인간의 감정은 굽이치는 파도와 비슷한 점이 많다. 급격한 감정의 오르막은 자신을 힘들게 하지만, 그 감정이 내내 유지되었던 적이 있는가? 감정과 싸우려다 휩쓸릴 것인가, 감정의 파도를 가만히 지켜보며 기다릴 것인가는 자신에게 달려 있다. 경험 많은 서퍼는 결코 파도와 싸우지 않는다. 그저 파도에 순응하며 파도를 탈 뿐이다. 우리에게 필요한 것은, 감정이 인식되는 순간 기세 좋은 파도가 부서져, 거품으로 화하는 것을 상상하며 기다리는 여유일지도 모른다.

③ 흘러가는 구름처럼

감정을 흘러가는 구름으로 상상할 수도 있다. 푸른 하늘에 움직이는 구름은 언뜻 보면 변하지 않고, 한자리에 있는 것처럼 보이기도 한다. 하지만 가만히 들여다본다면 구름이 조금씩 옆으로 움직여 시야에서 벗어남을 알 수 있다. 우리의 감정도 이와 같지 않을까? 나를 힘들게 하는 감정이 언젠가는 끝나 나를 벗어날 것이라는 사실을 기억한다면, 감정에 크게 휘둘리지 않을 수 있다. 호흡에 충분히 집중하며, 감정이 서서히 가라앉는 경험을 할 수 있다면 자신의 감정에 휘둘리지 않는 삶의 여유가 생겨날 것이다.

인간의 욕심은 끝이 없고 같은 실수를 반복한다

지금부터 이야기할 실수란, 핸드폰을 집에 놔두고 나오거나, 음식에 소금간을 빼 먹는 정도의 사소한 실수를 말하는 것은 아니다. 삶을 살아가면서 같은 유형의 상처를 반복적으로 입으면서도, 같은 상황에 빠져드는 경우, 심지어는 옆에서 볼 때 자처해서 위험한 상황을 만들어내는 경우를 말한다. 이를테면, 알코올 중독인 아버지의 밑에서 학대를 받으며 큰 여성이, 비슷한 유형의 학대적인 남편을 선택하게 되는 경우나, 누가 봐도 갑을 관계에 가까운 애인을 만나오던 복종적인 사람이, 또 자신에게 정서적으로 냉담하면서도, 자신을 함부로 대하는 상대를 애인으로 다시 만나는 경우 등을 말한다. 주변 사람들은 참 안타까워한다. 도대체 네가 어

디가 부족해서, 왜 하필이면 그런 사람들만 만나게 되는지. 옆에서 아무리 타이르고, 설득해도 소용이 없다. 이런 일이 왜 생기게 되는 걸까?

익숙함의 무서움

반복적인 자기 파괴적인 행동의 근본적 원인은 학습된 익숙함에서 찾아볼 수 있다. 자라나면서 아이의 뇌는 폭발적으로 성장한다. 처음에는 제한된 신체 기능과 인지 능력으로 인해 제 몸 하나 돌보기도 힘든 상태지만, 걸음마를 떼고 삶의 반경이 넓어지고, 점차 성장하며 부모님을 비롯한 주변 환경과의 상호작용을 통해 수많은 정보들을 기억하고, 학습하고, 뇌에 저장한다. 이러한 주변 환경과의 상호작용은, 타고난 유전적 기질과 맞물려 세상을 인식하는 틀을 만들어 낸다. 그리고 한 번 견고하게 자리 잡은 기억과 관점은 쉽게 바뀌지 않는다. 다른 상황도 동일한 방향으로 해석해내고야 마는 것이다.

여기서 중요한 것은, 이러한 틀이 긍정적이든, 부정적이든 가장 익숙하다는 것이다. 익숙함은 편안함, 안전함, 안정감이라는 아이의 기본적인 욕구와 연결되어 있다. 결과야 어찌 되었든, 눈앞에 주어진 것을 다른 식으로 해석하는 일이 결코 쉽지는 않다. 이미 상황을 해석하는 방식이 자신의 뇌

안에 자리잡혀 있기 때문이다. 뇌세포 사이에 새로운 연결통로가 만들어지려면, 즉 새로운 습관을 만들어 내려면 꽤 많은 노력과 시간이 걸린다. 학대받으며 자란 이에게는, 가족들 간의 의사소통이 서로 공격적인 경우가 많다. 감정을 건강하게 표현하기보다는 행동으로 나타내는 것이 더 익숙하다. 부모와 자식 간의 감정표현은 희노애락 중 노(怒)에만 국한된다. 학대하는 부모에게 있어, 자녀는 감정의 쓰레기통 역할을 담당할 뿐이다.

참 안타깝지만, 이런 환경에서 자란 이가 가정을 꾸리게 될 때, 따뜻하고 화목한 가정을 이루기는 쉽지 않다. 의식적으로는 늘 경계하고 조심하려 하겠지만, 감정이 앞서는 순간에, 마음의 수면 밑에 가라앉아 있던 과거의 학습된 기억들이 익숙한 상황을 재현하게 될지도 모른다. 자신이 가장 닮고 싶지 않았던 학대하는 부모님의 모습을, 어느 순간 자신 안에서 발견하게 될 수도 있다.

너무나 무관심하고, 방임적이었던, 그래서 정서적 박탈감을 느끼게 만들었던 부모님에게 분노가 치밀었던 사람이, 결국 배우자를 선택하게 될 때 냉담하고 무관심한 상대를 선택하게 될 수도 있다. 이 또한 익숙한 상황의 무의식적인 선택으로 인한 것이라고 볼 수 있다. 생활 속에서 이런 반복되는 자기 파괴적인 선택의 예는 얼마든지 찾아볼 수 있다.

끝날 듯 끝나지 않는 뫼비우스의 띠처럼, 자기 파괴적인 패턴을 벗어나는 일은 결코 쉽지 않다. 아니, 자신이 그런 반복적인 패턴을 가지고 있다는 사실도 알아차리지 못하는 사람들이 부지기수다. 뭔가 답답하고, 이게 아닌 것 같으면서도 다람쥐 쳇바퀴 돌듯, 눈앞에 보이는 삶을 똑같이 반복하고 있는 것이다.

그러므로, 우선 자신의 패턴을 조금은 객관적으로 바라볼 수 있게, 조금은 떨어져서 생각할 필요가 있다. 주변에서 나를 봐 왔던 지인들의 말을 흘려듣지 말고, 한번 되짚어 생각해 봐야 한다. 들을 당시에는 기분 나빴던 말이고, 애써 외면하고 싶었던 이야기겠지만, 돌이켜 생각해 보면 나의 모습을 알 수 있는 힌트가 될 수 있다.

또, 나와 감정적으로 깊게 얽혔던 이들과의 관계를 생각해 보자. 그들이 어떤 정형화된 모습을 가지고 있지는 않은가? 과도하게 복종적이고, 눈치 보는 사람들은 아니었을까? 아니면, 누가 봐도 무척 매력적이지만, 나를 정서적으로 착취하고, 힘들게 만들었던 '팜므파탈' 혹은 '옴므파탈' 타입은 아니었는가? 나의 마음을 격렬하게 흔들어 놓았던 이들과 왜 하필 내가 감정적으로 얽히게 되었는지를 곰곰이 생각해

본다면, 나의 패턴을 알게 될 것이다.

자신이 동일한 패턴을 반복하고 있음을 인식하게 되는 순간, 변화의 첫걸음을 떼게 된다. 패턴을 인식할 수 있다면, 자기 파괴적인 양상과는 반대되는 건강한 대처로 바꾸어 나가는 작업이 필요하다. 수십 년간의 습관과 이별하기 위해서는, 지난한 싸움이 기다리고 있을 것이다. 갈 길이 많이 남아 있겠지만, 자신이 나아가야 할 방향을 잡고 천천히 한 걸음씩 옮기게 된다면, 조금씩 변화하는 자신을 발견할 수 있을 것이다.

제 몸의 단점을 계속 생각하게 됩니다

Q

저는 척추측만증과 다리가 벌어진 o자형 다리, 그리고 다한증을 가지고 있어요. 신체적 결함을 가지고 있으니 자신감도 떨어지고 자존감도 낮고 자기비하를 많이 하게 돼요. 다한증이 있어서 '손에 땀이 많이 나니까 나중에 일을 할 때 잘할 수 있을까?' 이런 생각도 하게 되고 일도 잘 할 수 있을지 겁이 납니다. 그리고 벌어진 다리가 때문에 바지를 입으면 다리가 벌어져 보여서 스트레스를 받고 '남들이 내 다리를 이상하게 보진 않을까?' 하는 생각이나 '나는 왜 이런 다리 모양을 가졌지?' 같은 부정적인 생각이 자꾸 꼬리에 꼬리를 물어서 풀리지 않고 항상 스트레스를 받아요.

그리고 요새 제가 하고싶은 건 연애입니다. 진짜 나를 사랑해주는 사람이 있을지, 내 단점마저 좋게 봐줄 수 있는 사람이 세상에 있을지 부정적인 생각뿐이에요. 막상 여자친구가 생기더라도 제 단점이 눈에 많이 들어오니까 여자친구가 이해해줄 수 있을지 걱정도 되고 나중에 결혼을 해서 자식을 낳으면 이런 신체조건을 물려줄까봐 정말 걱정되고 고민이 됩니다. 생각이 꼬리에 꼬리를 물어서 한 번 생각에 빠지면 지옥같은 나날이에요. 저는 정말 어떻게 하면 좋을까요?

A

　자신의 외모 때문에 고민이 많으시군요. 신체적 결함이
라 여기는 부분 때문에 타인들과의 관계도 잘 되지 않아 자
존감도 많이 떨어지는 상황인 것 같습니다. 자신의 신체와
외모에 결함이 있고, 문제가 있다고 여기는 생각이 머리에
꽉 차있다면 TV에서 나오는 예쁘고 잘생긴 사람들과 자신을
끊임없이 비교하고, 이는 상처로 남지요. 타인의 시선이 의
식되고, 사람들 앞에서 당당하지 못한 것이 외모 탓이라 생
각하게 됩니다.

　하지만 사실 외모와 이로 인한 자존감 저하의 뿌리는 어
린 시절의 성장과정에서부터 시작됩니다. 추측건대 최근 수
년간의 문제가 아닌, 살아온 삶 전체를 관통하는 문제였을
겁니다. 실제 자신의 외모에 큰 문제가 있다기보다 자신 스
스로 어딘가 문제가 있고, 타인에게 어필하지 못하는 결함이
있을 것이라 생각하는 것이지요. 대개 어린 시절 가까운 이
들이나 친구들로부터 받은 트라우마에서 기인하는 생각입
니다. 하지만 주변을 돌아보면, 객관적으로 큰 신체적 결함
이 있는 사람이라도 행복하게 살아가는 경우가 너무도 많습
니다. 이 사람들은 자신의 외모가 진정 마음에 들어서 행복
할 수 있는 것일까요? 〈오체 불만족〉이라는 책을 지은 오토

다케 히로타다나, 닉 부이치치 같은 이들은 선천적으로 팔다리가 없는 상태로 태어났지만 늘 웃는 얼굴로 살아갑니다. 큰 장애가 아니라도 주변에 작은 신체 질환을 안고도 자신의 삶을 잘 살아가는 이들은 얼마든지 찾을 수 있습니다. 자신의 신체적 문제를 '어떻게 없애느냐'가 중요한 것이 아니라 '어떻게 받아들일 것인가'가 더 중요하다는 말이지요.

젊은 나이에는 외모가 삶의 중요한 부분임을 부인할 수 없습니다. 하지만 앞으로 더 먼 길을 가야 할 삶의 여정 전체를 생각한다면 외모는 극히 작은 부분일 뿐입니다. 우리에겐 외모를 가꾸고 바꾸려는 노력보다는, 자신이 타인에게 보여지는 외모에 왜 이렇게 집착하는지, 그 뿌리는 무엇이며 그로 인해 자신의 삶이 얼마나 제한되어 왔는지에 대한 고민이 더 필요할 것 같습니다. 자신에 대한 이해와 연민, 공감의 장이 넓어질 수록 자존감은 마음 속에서 조금씩 싹을 틔울 수 있습니다. 혼자 그 길을 찾아가기 힘들다면, 길잡이가 되어줄 수 있는 심리 상담을 받아보는 것도 좋은 방법이라 생각해요.

외모의 틀에서 벗어나 더 자유로워지게 되길 간절히 기원합니다.

마음이 불안정할 때 절대 하지 말아야 할 5가지

마음이 불안정할 때 해야 할 일

우리가 삶을 살아가다 보면 왠지 마음이 좀 힘든 날을 만나게 된다. 어쩌면 특별한 이유는 없을지도 모른다. 아침부터 상사에게 들었던 잔소리 때문이거나, 간밤에 잠을 설친 탓일 수도 있다. 이유야 어찌 됐든 그냥, 몸과 기분이 처지고 마음 한구석이 불편한 날. 누구에게나 그런 날이 있다.

마음에 불편함을 담고 지내는 것은 참 불편한 일이다. 감정은 감정 그 자체로 끝나지 않아서, 가슴을 두근거리게 하거나 온몸이 긴장되게 만든다. 한숨이 자주 나오고, 숨이 잘 쉬어지지 않는 듯 답답한 느낌이 들기도 한다. 또 평소 하던 일들에 집중할 수 없어 일의 능률도 잘 오르지도 않는다. 어디 그뿐인가. 괜히 친한 친구나 가족에게 짜증을 내고 후회하게 될지도 모른다. 이렇듯 불편한 감정은 생각, 행동, 신체감각 모두에 영향을 미치게 된다. 마음을 만들어내는 뇌와 신체는 떼려야 뗄 수 없는 관계이기 때문이다.

저마다 마음이 불편할 때 이를 해소하는 방법을 가지고 있을 것이다. 뜨거운 사우나에 다녀오는 것이 비결인 사람이 있고, 또 어떤 이는 달콤한 초콜릿이나 혀가 아릴 정도로 매운 음식을 먹기도 하고, 당장 헬스장으로 가 땀을 흘려야만 마음이 풀리는 사람도 있다. 어느 쪽이든 불편한 마음을 조금 나아지게 만들려는 목적일 것이다. 그런데, 자신을 위안하려는 노력이 크게 도움이 되지 않는 경우도 있다. 또 어떤 사람은 마음이 불편하면 뭘 어떻게 해야 할지 몰라 안절부절하기도 한다.

우리는 무언가 문제가 생기면, 해결할 수 있는 답이 존재한다 여긴다. 마음이 불편할 때도 마찬가지다. 하지만, 실은 불편할 때면 무엇인가를 하는 것보다 무엇을 하지 말아야 하는지를 아는 것이 더 중요하다. 그저 마음이 불편한 상태구나, 어떤 것 때문에 내 마음이 자극받았구나 하는 알아차림이면 충분하다. 과거의 심리치료는 마음의 불편함이 있으면 이를 바꾸고, 수정하고, 통제하는 것이 답이라 여겼다. 그러나 마음은 실체가 없어 손에 잡힐 듯하다 우리의 영향력을 벗어나 버리기 일쑤다. 그래서 불편한 마음을 비판단적으로 알아차리고 자연스럽게 흘러가도록 바라보는 것이 최선의 방법일 수 있다.

밀 때, 절대 하지 말아야 할 것 5가지

마음이 불안정할 때, 절대 하지 말아야 할 것 5가지

1. 억지로 자신을 칭찬하려 하지 마라.

"난 할 수 있어!", "난 최고야!", "곧 좋아질 거야!" 근거 없는 긍정과 칭찬은 허공에 사라지는 메아리일 뿐이다. 오히려 자신이 납득하지 못하는 칭찬은 마음과 자존감을 더 다치게 하기도 한다. 연구 결과에 따르면, 근거 없는 자기 긍정의 말은 오히려 실패에 대한 감각을 키우고, 목표를 향한 동기를 줄이게 되는 역효과를 낳기도 한다는 것이 밝혀졌다. 무작정 긍정의 말을 퍼붓는 것이 마음을 더 불편하게 만들기도 한다는 것을 알아야 한다.

2. 눈앞의 장애물에 연연하지 말자 - 삶의 맥락과 방향을 점검해보기

앞에도 말했듯이, 근거 없는 자기 긍정은 큰 의미가 없다. 하지만 마음이 불안정하고 자신감이 떨어질 때, 자신의 삶이 지금 어디쯤 놓여 있나를 생각해 본다면 어떨까. 자신에

게 뭔가 새로운 이미지를 만들어 씌울 필요는 없지만, 자신이 가진 강점이 무엇인지, 자신이 중요시하는 가치는 무엇인지 확인하는 과정은 마음에 큰 위안이 된다.

삶의 방향을 점검하게 된다면, 더 큰 맥락에서 삶을 바라볼 수 있게 된다. 삶에서 중요시하는 가치와 그 방향을 확인해본다면 눈앞의 불편감은 언제라도 넘을 수 있는 낮은 장애물에 불과하다는 걸 알게 될지도 모른다.

3. SNS에서 잠시 로그아웃하기

마음이 불안정할 때면 평소와 다르게 자신감이 떨어지고 위축되곤 한다. 자존감이 떨어진 상황에서는 다른 사람들의 시선을 더 의식하게 되고, 남들과 비교하기 십상이다. 비교 후에는 마음이 더 불편해지는 건 당연지사. 그럴 때면 잠시 사람들 틈에서 벗어나 있는 것이 좋다.

특히, SNS에서 잠시 '로그아웃'하는 것이 좋겠다. SNS는 자신의 가장 행복하고 자신 있는 모습만 전시하는, 말하자면 쇼윈도 같은 곳이다. 마음이 불안정할 때 타인의 행복한 모습을 보면 자연스레 자신의 자괴감만 커지게 된다. 만약 다른 사람을 통해 자신감을 조금 얻게 되더라도 일시적일 뿐, 오래가지 않는다. SNS를 잠시 꺼두고, 휴식을 취하는 것이 더 현명한 방법일 것이다.

4. 굳이 안 좋은 일을 곱씹지 않기

마음이 불편하면 평소라면 지나쳤을 일에도 후회, 자책이 따라붙게 된다. 필요 이상의 의미부여는 상황을 왜곡해 받아들이게 한다. 스마트 폰의 갤러리에, 아니면 클라우드 서비스의 저장공간 안에 삶에서 가장 즐거웠던, 떠올리기만 해도 미소가 지어지는 장면을 저장해 놓는 건 어떨까.

2011년에 Emotion이라는 학술지에 흥미로운 연구 결과가 발표된 적이 있다. 실험 대상자들 중 절반에게 누군가에게 배신당하고, 실패했던 부정적인 기억을 떠올리도록 했고, 나머지 절반에게는 누군가를 도와주었던 긍정적인 기억을 떠올리게 했다. 그리고 나서 대상자들을 징그러운 거미가 있는 방에 들어가도록 하자, 부정적인 기억을 떠올렸던 이들은 거미와의 거리를 실제보다 더 가깝게 느꼈다고 한다. 두려운 대상을 실제보다 더 두렵게, 왜곡해 느끼게 되었다는 것이다. 반대로, 긍정적인 기억을 떠올렸던 이들은 거미와의 거리를 실제에 가깝게 인식할 수 있었다. 불편한 마음이 상황을 왜곡시켜 인지하게 만든다는 것을 입증한 실험이다.

긍정적이고 행복했던 기억이 당장 모든 불편한 기분을 날려 보내는 약은 아니겠지만, 적어도 부정적인 마음으로 인해 생길 수 있는 생각, 행동, 신체 감각의 왜곡을 줄이는 데 도움을 줄 수는 있을 것이다.

5. 당장의 불편함이 계속될 것이라 생각하지 않기

마음을 기차역이라 생각해보자. '불편함'이라는 기차가 시각을 맞춰 들어온다. 금세 마음이 붐비고, 번잡하고 시끄러워진다. 하지만 이런 불편함을 없애려 억지로 무엇인가를 하려다가 더욱 불편해지는 경험을 해보았을 것이다. 정차 시간이 끝나면 기차가 역을 떠나는 것처럼, 불편함도 시간이 지나면 마음을 떠난다. 어떤 때는 왔다 간 흔적도 남기지 않는다.

불편함은 마음에서 잠시 나타났다 사라지는 '현상'의 하나다. 우리의 마음은 잔잔한 물결처럼 평온한 상태가 계속될 거라 생각하지만, 가만히 들여다보면 하루 중에도 여러 자극을 받아 끊임없이 출렁이는 파도와 같다. 물결이 친다 해서 어떤 방법을 취해야 하는 것은 아니다. 언제나 그랬듯 불편한 마음은 다시 흘러갈 테고, 마음의 파도는 다시 잔잔해지니 말이다. 우리가 할 수 있는 최선의 방법은 마음의 불편함을 인식하고, 그저 가만히 깊이 심호흡하며 마음의 변화를 가만히 바라보는 게 아닐까?

마음에도 정리정돈이 필요합니다

최근 우리 생활에 미니멀리즘의 바람이 불고 있다. 복잡하고 어려워만 지는 현대 사회에 대한 일종의 안티테제라 할 수 있을까. 미니멀리즘은 미술, 음악, 건축 등의 영역에서뿐만 아니라 생활 영역에까지 그 가지를 넓히고 있다.

미니멀리즘은 단순함을 추구한다. 집을 장식한다면 화려하고 아름다운 장식품이나 다루기 어려울 정도로 복잡한 도구들은 제쳐놓고, 우리 삶에서 꼭 필요한 것만 남겨놓는 것이다. 그 외에는 모두 넘치는 것, 불필요한 것이 되는 셈이다. 생활 방식에서도 복잡한 일과나 불필요한 루틴은 모두 덜어내고, 단순한 삶을 사는 것이 목표다. 그렇게 미니멀하게 바뀐 삶은 기름기를 뺀 음식처럼 한결 담백해진다. 현대인들은 자신의 어깨에 짊어진 짐들이 너무나 많다. 과거 원시인들이 식량을 구하고, 잠잘 곳을 정하는 데 받았던 스트레스보다 수십, 아니 수백 가지 더 많은 고민을 떠안고 있다.

정리정돈을 잘하는 것 또한 미니멀리즘의 핵심이라 할 수 있다. 복잡하게 널브러진 옷가지며 물건들을 가지런하게 정리하고, 또 필요 없어진 어떤 것은 버리기도 한다. 주변을 정리정돈하며 자신의 삶 또한 가지런해진다. 또, 정리정돈은 새로운 것을 시도하기 위한 밑바탕이 되기도 한다. 흐트러진 책상에서는 책을 읽을 맛이 나지 않듯이, 새로운 시작을 위해서는 주변의 정리정돈이 꼭 필요하다.

마음의 미니멀리즘

우리의 마음도 마찬가지 아닐까. 의학과 과학 기술이 비약적으로 발전해 인간의 수명이 연장된다고는 하지만, 겨우 100세를 넘기 힘들다. 봄을 맞이한 때가 엊그제 같은데, 잠깐 정신을 차려보니 이미 낙엽 떨어지는 가을이다. 우리 인생은 생각보다 짧다. 하지만 현대의 인간은 그 짧은 인생에도 엄청나게 많은 것들을 접하며, 많은 사람을 만나고, 또 헤어진다. 눈에 보이지는 않지만 그 짧은 기간에도 마음에는 불필요한 것들이 끝도 없이 쌓여간다. 대부분 사람은 그 찌꺼기를 알아차리지 못하거나, 알아차리더라도 마음속에 있는 다락에 무작정 밀어 넣고 문을 닫아버린다. 너무 많기도 하거니와, 들추어보기 겁이 나기 때문이다. 그렇게 우리는 정작 우리 마음을 정리정돈하지 못한 채 세월의 재촉에 등 떠밀려 앞으로만 걸어갈 뿐이다. 언젠가는 해야시, 언제 여유가 생기면 잘 생각해봐야지 하다 시간을 다 보내는 것이다. 온갖 것들이 주변을 흐트러지게 하고, 마음의 다락에서 때론 악취가 풍겨 나와도 도저히 엄두가 나지 않아 마음을 들추어보지 못하기도 한다.

어떤 이는 해묵은 기억과 감정을 안고 평생을 살아간다. 또 다른 이는 충격적인 기억이 평생 자신을 따라다닌다고 느낀다. 이별의 기억이 오랫동안 잊히지 않아 괴로운 사람도 있다. 잘 정리되지 않은 마음은 삶에 깊이 뿌리 내려 자신을 괴롭히게 될지도 모른다. 마음을 잘 정리정돈하지 못하면 자신의 삶에 주도성을 잃고, 체념하며 '살던 대로 살아가게' 된다. 웰빙(well-being)도 중요하지만, 웰다잉(well-dying)도 그 못지않게 중요하다. 우리가 어떻게 늙어갈 것인가, 죽음이라는 목적지를 향해 어떤 모습으로 나아갈 것인지에 대한 고민이 필요하지 않을까? 마음을 정리정돈하는 일은 어깨에 젊어진 고민을 조금은 덜 수 있는 방법이 될 것이다. 우리는 지금 이 순간에도 늙어가고 있다.

마음을 정리정돈하는 두 가지 단계

"시작하는 데 있어 나쁜 시기란 없다."
- 프란츠 카프카

스스로 자신의 마음을 잘 안다고 자부하는 사람이 몇이나 될까. '열 길 물속은 알아도 한 길 사람 속은 모른다'는 말처럼 인간의 마음은 실체가 없기에 그 깊이를 가늠할 수 없다. 상대의 마음을 아는 것도 불가능하지만, 실은 자신의 마음을 잘 헤아릴 수 있는 사람도 거의 없다. 지금 내 시야는 내 발밑만을 바라보고 있다. 숨 고르기 하며 몇 미터 정도는 앞을 비추어 살필 수 있는 여유가 꼭 필요하다. 그 여유는 한참 시간이 지나거나, 특별한 어떤 지점에서 나는 것이 아니다. 지금 당장이라도 낼 수 있다. 단언컨대, 지금이 바로 그 타이밍이다.

준비가 되었는가? 마음을 정리정돈하는 데 있어 많은 준비물이 필요하진 않다. 그저 약간의 여유, 펜과 종이 정도면 된다. 직접 쓰는 것이 귀찮다면 스마트폰의 메모 앱을 열어

두어도 좋다.

먼저 제일 위에 자신을 괴롭혔던 해묵은 감정과 기억을 적는다. 가능한 한 상세하게 적는 것이 좋다. 너무 단순화하는 것은 불편함에 대한 무의식적인 회피일 수 있다. 이 과정에서 불편한 마음이 들거나, 기분 나쁜 기억이 떠올라 그만두고 싶을지도 모르지만 이는 너무나 당연한 현상이다. 오랫동안 쓰레기를 쌓아놓고 청소 한번 한 적 없는 마음의 다락에서 나는 체취가 향기로울 수 있을까? 악취가 나도 코를 쥐어 싸고, 앞에 쌓인 것들을 조금씩 분류해보는 것이다. 자신의 고통이 엄청나다 여기는 사람도, 막상 이를 기록해보면 채 한 바닥이 되지 않을지도 모른다. 머리로 생각한 내용과 실제가 다르다는 것을 알게 되는 과정 또한 중요하다. 이것이 기록하기의 힘이다.

다음은 각 항목이 내가 애를 써 바꿀 수 있는 것인지, 혹은 노력해도 바꿀 수 없는 것인지를 살펴본다. 애쓴다고 바꿀 수 있는 것이라면 애초에 마음의 다락에 넣어놓지도 않았을 테다. 아마도 대부분의 해묵은 기억과 감정은 지금 바꾸기엔 너무 늦었거나, 애초에 불가능했을지도 모른다. 어떠한가? 해묵은 짐들의 실체를 확인하고, 사실 이것들이 내가 애쓸 필요도 없고, 이미 지나가 버렸다는 것을 확인하고 나니 마음이 한결 가볍지 않은지. 물론 기억은 뇌의 기억 중추 깊은 곳에 부호화되어 저장되어 있어, 기억과 관련된 단서를 만나면 당시의 불편함, 고통이 되살아난다. 그때마다 자신에게 물어보아야 한다. 바꿀 수 없는, 애초에 할 수 없었던 것을 붙잡는 데 에너지를 쏟고 있는 건 아닌가, 하고. 또 불편함을 애써 피하고 마음 안의 다락에 또 쌓아놓고 있는 건 아닌지 고민해야 한다. 이따금 다락을 열어 해묵은 짐들을 정리하는 과정도 꼭 필요하다.

걱정했던 많은 것들이 이제는 쓰레기통으로 직행해도 될 만하다는 사실을 확인할 수 있다면, 본격적으로 마음의 정리 정돈이 시작된 것이다. 그렇게 해묵은 마음의 짐 몇 가지는 정리해버릴 수 있다.

"인생은 속도가 아닌 방향이다."
- 괴테

해묵은 짐들을 덜어낼 수 있었다면, 정리정돈의 다음 단계는 삶의 방향을 설정하는 것이다. 삶의 방향은 자신의 삶에서 중요시하는 것 즉, 추구하는 가치와 깊은 관련이 있다. 가치는 살아가며 획득하는 특정한 목표 지점과는 다르다. 이를테면 '10억의 자산, 외제 차, 유명한 학자가 되기'는 삶의 목표라고 할 수 있다. 이 목표들은 이룰 수도 있고, 그렇지 못할 수도 있지만 삶 전반을 관통하는 화두와는 거리가 멀다. 우리의 삶 전체를 흐르는 강이라 한다면, 작은 지류에 불과하다. 또, 목표를 달성하고 나면 그 방향성이 사라져 또 다른 목표가 필요하게 된다.

삶의 가치를 발견하는 데 도움이 될 수 있는 두 가지 질문이 있다. 그중 하나는, '내일 걱정하는 일이 모두 사라지면 당신은 내일 무엇을 할 것인가?'이다. '사랑하는 사람과의 여행'이라고 한다면 사랑하는 이들과 행복한 시간을 보내는 것이 당신에게 중요한 가치인 것이다. '휴식 취하기'라면, 삶의 여유를 만끽하며 살아가는 것이 삶의 방향이 될 것이다.

또 하나는, '내일 당장 당신이 사망한다면, 장례식장에서 어떤 사람으로 회자되고 싶은가?'이다. 자신이 삶의 여정을 끝낸 후, 자신을 아는 사람들이 과연 자신을 어떻게 기억해주기를 바라는가? 당신이 떠올렸던 그 모습이 앞으로 지켜나가야 할 삶의 가치이며, 방향이라 할 수 있다.

마음을 정리정돈하는 것은, 마음을 괴롭혔던 것들을 정리하고 앞으로 나아가도록 돕는다. '세상에서 가장 먼 길은 머리에서 가슴까지 가는 길'이라는 한 시인의 말처럼 불편함을 마주하고 들추어보는 일은 생각보다 어려울지도 모른다. 그러나 삶이 번잡하고 갈피를 잡을 수 없다면, 자신의 인생이 어느 한 지점에 묶여 앞으로 나아갈 수 없다면, 그때가 바로 삶을 정리정돈할 때일 것이다.

part. 2

인간관계가 힘든
당신을 위하여

인간관계가 나를 반복적으로 괴롭힌다면

나는 왜 사람들과의 관계가 힘들까

현대를 살아가는 많은 이들의 고민 중 하나가 바로 '인간관계'이다. 이 사회의 구성원이라면 자의든 타의든 간에 사람들과 부대끼며 살아갈 수밖에 없다. 또한, 현대사회가 복잡 다양해지면서 사람들은 과거와 같은 직접적인 만남을 통한 연결뿐만이 아닌 인터넷 커뮤니티나 SNS와 같은 간접적이고 다양한 경로를 통해서도 연결된다. 우리는 이른바 '관계의 홍수' 속에서 살아가고 있는 것이다. 관계에 대한 접근성은 더욱 커졌지만, 원치 않는 불편한 이들과도 실시간으로 연결되어 있게 되는 아이러니한 경우가 생기게 될 수 있다. 그리고 인간관계로 인한 외적, 내적 갈등도 더욱 커지기 마련이다. 단언컨대, 인간관계로 인한 고민을 한 번이라도 해 보지 않은 이들은 없을 것이다.

그중에서도 관계의 중요성이 더욱 커지는 환경을 유독 견디기 힘들어하는 이들이 있다. 그들은 타인들의 눈빛을 불편하게 느끼며, 사람들과의 대화에서 늘 주눅 든 모습이다. 여러 사람 앞에서 발표라도 할 때면 얼굴이 빨개지고 식은 땀이 등줄기를 타고 흐르는 사람들이 있는가 하면, 타인과의 대화가 두렵고, 사람들의 말 한마디에 쉽게 상처를 입는 사람들도 있다. 아마 내 주변에 있는 가까운 가족, 지인 혹은 나 자신의 모습일 수 있을 것이다.

사람들을 이들에 대해 '소심하다' 혹은 '수동적이다'라는 말로 쉽게 평가절하하곤 한다. 하지만 관계가 힘든 이들이 관계에서 오는 스트레스를 극복하는 일이 녹록지는 않다. 관계를 받아들이는 자신의 반응은 의식적이라기보다는 다분히 무의식적이며, 상당히 자동적이기 때문이다. 또한, 문제를 극복하기 위한 노력을 어느 지점부터 어떻게 시작해야 할지 감이 오지 않는다. 그래서 이들이 받는 세간의 평가는 더욱 억울하기만 하다.

인간관계에서 불편함을 느낀다면, 제일 먼저 해야 할 일은 자신에게 구체적인 질문을 던지는 것이다. 삶에서 특정 인간관계가 늘 문제가 일으켜 오지는 않았는가? 관계에 대해 '두려운 것' 혹은 '극복하기 힘든 것'이라는 고정관념을 가지고 있지는 않은가? 유독 같은 이들에게, 혹은 같은 상황에서 불편함을 느끼지는 않는가? 자신에게 이러한 질문을 던지고, 스스로 이에 대해 고민해 보는 것은 관계에 대한 두려움을 극복하는 첫 번째 단계이다.

내가 관계를 바라보는 관점을 살펴보자

인간관계는 혼자서 맺는 것이 아니다. 그렇기 때문에 사람들은 인간관계에서 생기는 여러 문제를 타인의 탓으로, 혹은 우연히 벌어진 상황의 산물로 돌리는 경우가 많다. 그리고 그렇게 여기는 것이 자신은 방어하면서도 마음이 편한 방법이기도 하다. 물론, 다행히도 상대방이 그런 주장이 통하는 합리적인 관계라면 논쟁을 통해 어느 정도 절충점에 이를 수 있을 것이다.

하지만, 스쳐 지나가는 일시적인 갈등이 아니라 반복적인 관계의 문제가 발생하는 경우라면, 이야기는 조금 달라져야 한다. 나와 관계를 맺는 상대방이 누구인가와는 별개로 같은 패턴의 문제들이 늘 발생하는 경우라면, 상대방에게만 초점을 맞추던 습관에서 벗어나 관계를 바라보는 '나'의 관점에 초점을 맞추어 볼 필요가 있다. 나, 타인, 그리고 관계를 바라보는 관점이 관계를 어긋나게 만들 수 있다. 그리고, 주의를 기울여 자신의 시각을 살피지 않으면 왜곡된 관점들은 일상에 '숨어버린다'. 이는 자신이 노란빛 색안경을 쓰고 있다는 사실을 알지 못하는 이가 '세상은 원래 노란 것'이라 여기고 살아가는 것과 같다. 자신이 어떤 시선으로 타인과의 관계를 바라보았는지에 대해 고민하는 것은, 반복되는 관계의 문제를 차단하는 실마리가 될 수 있다.

성장 과정의 경험들은 뇌에 흔적을 남긴다

자신이 지금껏 관계를 대했던 관점을 떠올려 보면, 자연스레 '언제부터인가'에 대한 의문이 생긴다. 사람마다 차이는 있지만, 대개는 그 뿌리가 성장 과정의 경험으로부터 오는 경우가 많다. 아기가 태어난 초기에는 부모로부터 물려받은 성격이 아이의 감정과 행동 패턴을 좌우하지만, 성장 과정의 경험들이 차츰 쌓이며 자신과 타인을 대하는 일종의 틀이 형성되면서 아이는 이에 더 큰 영향을 받게 된다. 관계와 관련하여 경험했던 강렬한 감정적인 기억들은 뇌에 깊이 저장되는 것이다. 삶의 행복했던 대인관계 경험들은 건강한 성장과 자존감의 든든한 바탕이 된다. 하지만, 학대나 따돌림과 같은 끔찍하거나 피하고 싶었던 관계의 상처들이 저장되어 있다면, 이는 의식의 수면 밑에 가라앉아 있다 오랜 시간이 지나 다른 타인을 대하는 순간에 강렬한 느낌을 '재현'한다. '자라 보고 놀란 가슴 솥뚜껑 보고 놀라는' 것처럼, 타인과 관계 맺는 사회적인 상황이 무의식적인 과거의 고통을 자신도 모르게 상기하며, 관계의 고통스러운 패턴이 반복된다. 뇌에 남은 타인에 대한 강렬한 감정들이 결국 관계 자체를 왜곡하여 바라보게 만드는 것이다.

고통 극복의 시작을 위한, 3가지의 알아차리기

긴 시간 동안 형성된 관계에 대한 스키마는 몸과 마음에 익은 습관과 같아 변화하기 위해 노력하는 일이 절대 쉽지는 않다. 그렇기 때문에 많은 사람이 '사는 대로 살아가는' 것이다. 변화를 위해 가장 중요하고도 어려운 일이 첫 발걸음을 떼는 일이다. 자신의 삶에서 타인과의 관계가 늘 불편했다면, 자신의 삶을 관통하는 문제라면, 이를 극복하기 위해 우리는 알아차리기(awareness)를 시작해야 한다. 여기서 말하는 알아차리기란 단순히 자신이 불편하다는 사실을 알아차리는 것뿐만 아니라, 관계가 어려웠던 근원적인 뿌리를 알아보려는 노력, 그리고 관계를 대하는 이 순간 내가 겪고 있는 현재의 모습을 살펴보는 것을 포함한다.

희뿌연 안개 속에서 나를 괴롭혀 왔던, 형체를 모르는 '괴물'의 형태를 마주하는 것이 불편하고 두려운 사람들이 많을 것이다. 그러나 내가 극복할 불편감의 구체적인 형태들을 그려보는 것은 관계의 불편감을 극복하는 데 큰 도움이 된다. 인간관계를 대하는 나 자신이 불편하다면, 언제부터 그러한 느낌을 받기 시작했는지, 어떤 형태로 내가 인간관계를 대해 왔는지, 그러한 관계에 대한 태도가 내 삶에 어떤 영향을 미쳐왔는지에 대한 한층 구체적이고 진지한 고민이 필요하다.

부모님을 비롯한 중요한 대상과의 관계의 모습 또한 다시 그려 볼 필요가 있다. 내가 경험해 왔던 관계들을 되짚어보고, 이를 바탕으로 내가 현재 겪고 있는 관계의 문제를 다시 살펴보는 것이다. 충분한 여유를 가지고 차근차근 자신이 경험한 관계의 특징들을 직접 기록해 보는 것도 좋은 방법이다. 이러한 노력들이 내 삶에 드리워진 그림자를 알아챌 수 있게 한다.

내가 가진 인간관계에 대한 스키마의 윤곽이 드러난다면, 이제는 이에 대한 패턴을 깨는 단계가 필요하다. '나'에 대한 이해를 바탕으로 매 순간 관계를 대하는 나를 살펴보자. 처음에는 여전히 인간관계의 순간에 과거의 패턴을 답습하는 나 자신이 보일 것이다. 그 순간에 의식하고 집중해 알아차리기 위한 노력을 기울이지 않는다면, 관성을 벗어나는 일이 쉽지만은 않다. 감정적 기억들은 관계의 매 순간에 활성화되어 과거의 나를 불러오기 때문이다. 하지만 한 가지 확실한 것은, 타인과 관계하는 때의 나를 바라보려는 반복적인 노력이 과거에서부터 만들어진 두터운 습관의 벽에 조금씩 균열을 일으킬 수 있다는 것이다.

알아차리는 것이 비단 인간관계의 고통을 극복하기 위한 방법에 국한되지는 않을 것이다. 자신이 겪는 고통이 어떠한 범주에 속해있든, 성장 과정에서 겪은 경험들의 영향과 그로 인한 매 순간의 자신을 알아차리려는 노력은 막연하고 어렵게만 느껴졌던 불편함의 대상을 명료하게 하며, 그 순간의 나를 조금은 거리를 두고 볼 수 있도록 돕는다. 그리고, 그토록 자신을 괴롭혀 왔던 문제에 대한 변화의 시작은 바로 이 지점에 있다.

관계에도 가성비가 있을까

———

가성비(가격 대비 성능)라는 말이 있다. 대개 생활용품이나 전자제품을 구매할 때, 가격에 비해 쓰기 적당하고 나쁘지 않은 성능을 찾기 마련이다. 가격은 비싸지만 성능이 한참 모자라는 것을 찾고 싶어 하는 사람은 아무도 없다, 당연하게도. 되도록이면 저렴한 가격에 성능은 평균 정도, 혹은 그 이상의 성능을 기대하는 것이 인지상정이다.

가성비라는 말은 일견 편리해 보인다. 내가 감당할 수 있는 만큼을 지불하고, 또 지불한 데 대해 적절한 대가를 얻게 되길 내심 바란다. 아니, 적절한 수준이라기보다, 실은 최고의 대가를 얻길 원한다고 표현하는 편이 더 맞겠다. 그러니 가성비는 인간의 합리성(이라 쓰고 탐욕이라 읽는다)을 대

변하는 말이기도 하다. 사실, 더 깊게 들어가 보면 최고의 가성비는 최소한의 비용으로 최대의 대가를 얻는 것이라 할 수 있겠다. 대가를 얻기 위한 시간, 노력, 비용은 가능하면 아낄 수 있으면 좋다. 분모는 한없이 작아지고, 분자가 한없이 커지는 것이 가장 이득이니까.

우리는 삶에서 늘 효율을 찾는다. 점심시간에 먹을 음식을 정할 때도, 가격에 비해 '더 푸짐하고 맛있는', 기왕이면 '더 깔끔하고 친절한' 곳에 가려 한다. 끼니때가 되면 줄을 서서 먹을 정도로 사람이 몰리는 곳은, 다름 아닌 가격에 비해 푸짐하고 더 고급스러운, 그러니까 가성비가 뛰어난 음식점일 테다. 근처에 위치한 주유소보다 조금 떨어진 곳의 기름값이 더 저렴하다면, 어느 곳이 '가성비'가 더 나을 것인가 고민하기도 한다. 비단 경제활동에서만이 아니라, 삶의 모든 영역에서 투입한 비용 대비 얼마나 많은 이익을 얻을까에 골몰하는 것이다.

가성비 따지는 대인관계

인간관계에서도 가성비의 잣대는 비껴갈 수 없다. 현대 사회를 살아가는 우리네 삶의 모습이, 태어난 곳에서 오랫동안 사는 것을 당연시했던 과거와는 분명 다르지 않은가? 우리의 조상들은 고향에서 태어나 농사 같은 가업을 이어받고, 이웃 동네에 사는 아무개와 연을 맺어 가정을 이루고 살았다. 다른 지역으로 여행을 가거나, 직장을 옮기는 경우는 흔하지 않았다. 자연히 평생을 고인 물처럼 비슷한 부류의 사람들이나 가족, 친척들과 어울리며 평생을 살아간다. 하지만, 지금은 분명 다른 시대다. 현대를 살아가는 사람들은 대학 진학부터 기를 쓰고 '인 서울'을 바라고, 사회와 문화의 중심지인 수도권은 날로 확장되어간다. 자의든 타의든 자신이 태어나 살아가던 둥지에서, 더 나은 환경을 찾아 언젠가는 벗어나는 운명을 맞이하게 된다.

이런 사회의 변화가 인간관계에는 어떤 영향을 미쳤을까? 삶의 물리적 영역이 넓어지면서, 우리는 다양한 범주에 속하는 사람들을 만나게 된다. 그러니까, 관계의 절대적 수가 늘어났다는 말이다. 과거처럼 동네에서 자주 마주치는 이들에게 정겹게 인사를 건네고, 안부를 묻고, 그러다 보니 은밀한 속사정도 말하고, 결국 옆집의 수저 개수마저도 알게 되는 일이 이제는 없다.

관계의 절대수가 많아지게 되면서 관계에서 효율을 따지기 시작했다. 이 사람과의 관계가 나에게 도움이 될 것인지, 도움이 된다면 얼마만큼 노력을 투입해야 이 사람과 오랫동안 비슷한 결의 관계를 유지하게 될 것인지 자신도 모르게 계산적이 된다. 내가 이 사람에게 시간, 노력 등 비용을 투자해 얻을 수 있는 것은 과연 무엇일지에 대한 고민도 생기기 시작한다. 관계에서도 '가성비'를 따지기 시작하는 것이다. 사회가 발전하면서, 물리적 거리가 중요한 시대는 이미 지나갔고 좁은 종류의 관계에 갇혀 사는 행태도 사라지고 있다.

그럼에도 불구하고

이런 상황에서 관계에 가성비의 잣대를 들이는 것이 괜찮을지에 관한 고민은 반드시 필요하다. 우리는 자신에게 필요한 인물과의 관계를, 딱 필요한 만큼만 '선택'하려 한다. 적당한 선에서 관계를 유지하면서, 얻을 수 있는 유무형의 것들을 재보기도 한다. 그러나 관계를 재고, 노력의 투입과 이득의 산출 곡선을 머리에 그리는 동안 관계는 바람 빠진 풍선처럼 쪼그라들기 마련이다. 상대로부터 자신에게 필요한 요소만 취하려는 생각은, 눈앞에 있는 이를 그 자체로 바라볼 수 없게 만들 뿐이다. 결국 관계란 곶감처럼 필요할 때 필요한 만큼 빼먹을 수 있는 것이 아니며, 가성비를 따지다간 허울만 남게 될지도 모른다. 또, 관계의 가성비를 따지는 것이 관계를 '현명하게' 선택하는 방법이라고 착각할 수 있지만, 관계를 바라보는 감각이라는 것은 무의식에 자리하고 있어 쉽게 변하지도, 또 기호에 따라 선택할 수 있는 성질의 것이 아닌 것이다. 자신이 이전에 해 왔던 관계의 결이 쉽게 변하지는 않는다.

사소한 물건을 구매할 때도 우리는 웹서핑을 하며 수많은 후기와 가격대를 비교하거나, 직접 발품을 팔아가며 시간과 노력을 들인다. 가격에 비해 꽤 괜찮은 것을 구하는 일이 그리 녹록지는 않다. 그리고, 비싼 제품일수록 이런 경향이 더 많아진다. 그렇다면 관계의 가격은 어느 정도란 말인가.

관계란 것은 필요한 메뉴만 주문해서 먹을 수 있는 패스트푸드가 아니다. 오히려 시간을 두고 약불에 뭉근하게 오랜 시간 우려내야 하는 곰탕에 비유할 수 있겠다. 관계의 효율, 이득을 따지기 전에 내 눈앞에 있는 이와의 관계에 온전히 집중하자. 바쁜 삶에 치이더라도, 내 마음을 온전히 우려낼 수 있는 관계가 있다면 그 상대방은 당신에게 무척이나 소중한 사람이다. 가성비를 따지기보다 관계를 있는 그대로 바라보며, 눈앞의 관계를 소중히 하는 마음이 우리 삶을 더 따스하고 풍요롭게 만들지 않을까.

인생 사는 것이 즐겁지가 않아요

Q

언제부터인가, 아주 작은 사소한 일에 짜증과 화가 날 때가 많고, 일어나지도 않은 미래의 좋지 않은 상황을 상상하며, 불안하고, 걱정이 많습니다. 한마디로, 즐겁지가 않네요. 왜 이리 힘겹게 살아야 하는지⋯. 부모님과 형제의 기대에 부응하는 삶을 살지 못하는 것도 항상 마음이 좋지 않고, 같은 상황에서 출발한 다른 사람들 또는 저보다 후배였던 사람들이 이제는 각자의 위치에서 다들 잘 나가고 있는 것을 보면, 자괴감도 참 많이 듭니다.

좋은 글들을 찾아 읽고 마음에 새기며, 항상 긍정적인 마음을 가지려 노력하지만, 쉽게 되지 않네요.

A

꽤 오랜 기간동안 고민해오신 문제인 것 같아요. 그리고 그 와중에 많은 노력을 기울이신 듯합니다.

지금은 자신을 돌아보고, 현재의 자신을 받아들이는 자세가 가장 필요하실 것 같습니다. 질문자님께서 말씀하신 '힘겹다'는 말을 생각해 볼까요. 자신의 삶에서 분명 마음에 드는 부분만 있지는 않습니다. 우리는 이를 '삶의 고통'이라고 표현합니다.

우리는 고통을 마주하면, 이를 피하려 하거나, 더 좋은 것으로 바꾸려 하거나, 제거하려고 하죠. 고통이란 놈이 피부에 난 종기 같으면 짜버리면 그만입니다. 보기 싫은 물건은 치워버리면 그만이고요. 하지만 마음의 고통은 그렇게 할 수 없습니다. 마주하지 않으려 할수록 우리를 더 옥죄는 경우가 많죠. 내 상황을 받아들이지 않으려 발버둥 치면 칠수록 우리는 더 깊은 늪에 빠져들게 됩니다.

우리는 고통을 어떻게 대해야 할까요? 고통을 완전히 없애려고 하거나 억지로 피하려 하기보다는, 거기 있음을 이따금 확인만 하면서 지켜보고 받아들일 필요가 있습니다. 고통이 사라지는 것은 아닙니다. 하지만, 우리가 어떻게 이를 맞이하는가에 따라 분명 그 데미지는 달라집니다. 질문자님께서 자신의 현 상황을 어떻게 바라보는가는 엄청난 차이가 있습니다. 자신을 있는 그대로 바라보면서, 마음 한편의 고통을 인정하는 순간 자신의 삶에 훨씬 더 많은 선택지가 있음을 알게 될 겁니다.

지금껏 고민해 온 자신의 위치, 다른 사람과의 비교를 내려놓고, 조금만 다른 곳으로 눈을 돌려볼 수 있으면 좋겠습니다. 피하려 하지 않고요. 그간 좇지 못했던 취미, 흥미도 충분히 찾아갈 수 있습니다. 그러기 위해선 차분히 자신의 마음을 들여다볼 수 있는 연습들이 도움이 됩니다. 여러 명상 관련 서적이나, 실제 명상 수련, 종교에의 몰입 등도 도움이 될 것입니다.

왜 나만 바뀌어야 하나요

아니, 왜 나만 바뀌어야 되나요?

내 남편이 문젠데.

나를 괴롭히는 우리 부모님이 문젠데.

우리 직장 상사가 나를 괴롭히고 있는데요!

상담을 할 때 참 많이 듣는 말이다. 대부분의 상담은 본인이 가장 힘든 부분을 이야기하면서 시작을 한다. 그리고 거기서 고구마 줄기를 캐내듯 하나씩 하나씩 정보를 얻어낸다. 그중 가장 중요한 정보 중의 하나가 대인관계다. 자신을 둘러싼 사람들과 어떻게 관계를 맺어가는지를 들어 보면, 이내담자가 자신을 스스로 어떻게 바라보는지, 타인을 어떻게 바라보는지, 삶을 어떻게 바라보는지에 대한 것들을 파악할

수 있다. 상담을 받으러 온 많은 사람들이 토로하시는 문제
가 바로 관계의 문제다. 특히, 관계에 관한 이야기의 마무리
에는 항상 비슷한 말이 반복된다.

"○○만 바뀌면 좋겠어요. ○○ 때문에 힘들어요."

이 말은 충분히 사실일 수 있다. 자신을 끊임없이 자극하
는 누군가가 있을 수 있다. 그리고 인간이라면 그러한 자극
때문에 흔들리는 것이 당연하다.

'나'를 위해 상황을 바꾸고 싶다면

하지만, 현 상황의 변화를 원한다면 이야기는 달라진다.
자신의 마음이 힘든 상황일 때, 심리적 고통을 겪을 때 대부
분의 사람들은 어떠한 상황 혹은 대상 탓을 한다. 그 상황/대
상이 자신의 우울, 불안, 분노 등의 감정을 자아냈다고 원망
한다. 하지만 다음의 이야기들을 꼭 생각해보자.

1. 관계는 쌍방향이다.

지금 자신이 겪는 심리적인 고통은, 사람의 마음을 약하
게 만들어 상대방 탓(투사, projection)을 하게 만든다. 자신
의 힘든 마음을 담고 있을 수 없어 밖으로 던져내는 것이다.

하지만 관계는 일방통행이 아닌 양방통행이다. 애초에 나와 상대방이라는 두 요소가 없다면, 관계는 이루어지지 않는다. 상대방이 빌미를 제공했을지언정, 그 자극을 받아 배로 갚아 줄 것인지, 그대로 담담하게 수용할 것인지는 자신이 선택하는 것이다. 탁구처럼 공을 빠르게, 역동적으로 주고받는 것과 같다. 누가 먼저 선공을 하건, 공이 오가기 시작하면 이미 게임은 시작이 된 것이고, 이 게임을 어떻게 이끌어 갈지는 충분히 자신이 선택할 수 있다.

2. 상대방을 절대 바꿀 수 없다.

슬프지만 진실이다. 우리는 상대방의 마음을 알 수도 없고, 상대방의 마음을 바꿀 수도 없다. 하지만, 우리가 말다툼을 할 때는 우리가 독심술이라도 쓰고 있는 양 상대방의 의도를 곡해한다. 그리고는 상대방의 마음을 바꾸려 부단히 애쓴다. 달콤한 감언이설을 하기도 하고, 이성을 앞세워 설득을 하기도 하며, 화를 내며 위협하고, 협박하기도 한다. 결과는 어떠한가? 절대로 사람의 마음이 바뀌지는 않는다. 오히려 상대방의 마음을 바꾸려 하는 과정에서, 불꽃이 튀어 오르는 전쟁터로 바뀌는 경우가 허다하다.

3. 내가 바뀌어야 상대방이 바뀐다.

이제 우리가 무엇을 선택해야 할지가 명확해졌다. 관계를 개선하기 위해서는, 우선 내가 바뀌어야 한다. 갈등의 원인이 상대방이든, 아니면 내가 되었든 간에, 관계를 진전시키는 첫걸음은 내가 변하겠다는 마음을 먹는 것이다. 그리고 이것이 가장 쉬운 길이기도 하다. 물론 이런 결정을 내리는 데 걸리는 것이 너무 많다. 첫 번째가 자존심이다. 상대방에게 한 수 접어주는 것 같고, 그러면서 왠지 모르게 내가 자존심이 상하고, 수치심을 경험하기도 한다. 두 번째는 두려움이다. 내가 바뀌려고 노력을 해도, 상대방이 더 기고만장해서 상황이 전혀 진전이 없을 것 같은 느낌이 든다. 오히려 상대가 기가 살아 나를 공격할 것 같은 생각이 들기도 한다. 하지만 이러한 걸림돌들을 극복해야 한다. 그리고 관계의 진전을 향해 한 걸음씩 내디뎌야 한다. 그 누구도 아닌 바로 '나'를 위해서이다.

관계에도 플라세보 효과가 있나요

관계와 플라세보 효과 (placebo effect)

플라세보(placebo, 위약)란, 라틴어로 '내가 즐겁게 해 줄게요.'라는 뜻으로, 환자에게 의학적 치료법으로 이용되지만 실제로는 치료에 전혀 도움이 되지 않는 가짜 약제를 말한다. 어찌 보면, 병으로 신음하는 환자에게 전혀 사용할 필요가 없는, 혹은 윤리적으로 해서는 안 될 '몹쓸 짓'을 하는 것으로 여겨질 수도 있다. 하지만, 이 위약의 위력은 예상보다 강력하다. 플라세보 효과(위약 효과)란, 위약을 진짜 치료약으로 알고 사용했던 환자에게 나타나는 치료 효과를 뜻한다. 새로 개발된 신약의 효과를 입증하기 위한 대규모의 연구에서도, 비슷한 계통에 속하는 약물들에 대한 비교와 더불어, 약물과 모양과 냄새, 크기가 같은 위약에 대한 비교가 빠지지 않는다. 놀라운 것은, 이 위약과 실제 약의 차이가 생각보다 크지 않은 경우가 많다는 것이다. 인간의 뇌가 정신과 신체에 미치는 영향은 그만큼 거대하다고 볼 수 있다.

시선을 조금 넓혀 본다면, 우리의 삶에도 수많은 플라세보 효과를 찾아볼 수 있다. 그리고, 우리가 일상적으로 마주하는 타인과의 관계에서도 플라세보 효과가 미치는 영향력은 꽤 강력하다. 즉, 관계에서 우리가 인식 가능한 실제적인 상호작용 이상으로 우리가 의식하지 못했던 기저에 자리 잡은 '밑바탕'이 중요하다는 말이다.

영화나 드라마에 나올 법한 한 장면을 그려보자. 한 인물이 고개를 숙이고 눈물을 글썽이고 힘들어하고 있다. 옆에 앉은 연인이 어깨에 손을 얹고 위로의 말을 건넨다. "다 잘될 거야. 걱정하지 마. 힘내. 네 잘못이 아니야." 장면을 멀리서 바라보는 이들은 상투적으로 이어지는 위로의 말에 진부함을 느낄지도 모른다. 저런 '식상한' 말이 효과가 있을 것이라고는 생각하지 않는다.

하지만, 나 자신이 이와 같은 고통에 사로잡혀 있다고 생각해 보자. 내가 세상에서 가장 사랑하고 믿을 수 있는 단 한 사람이, 좌절에 빠져 힘들어하는 나를 안아주며 저런 말을 해 준다면 어떨까? 그 말이 설령 닭살이 돋을 정도로 진부할

지언정, 사랑하는 사람에 대한 신뢰와 믿음, 몸과 마음으로 느껴지는 마음의 온기는 그 순간의 좌절과 슬픔을 조금은 덜어낼 수 있을지도 모른다. 이는 위로를 건네는 표현들 때문이 아닌, 상대와 쌓아왔던 신뢰와 사랑 때문이다.

플라세보 효과와 뇌와 신체의 반응

관계의 순간에 마음에서, 더 정확하게는 대뇌에서 연결된 회로들에서 변화하는 것들이 관계의 플라세보 효과를 만들어낸다. 관계에서의 플라세보 효과는, 상대 혹은 환경에 의해 유도된 긍정적이고 낙천적인 결과에 대한 무의식적 예상이다. 그리고 이러한 예측은 사랑이 담긴 접촉이나 긍정적인 감정을 예상할 경우와 동일하게 보상체계의 활성화를 유발한다. 투약에 대한 구체적인 효과를 '기대하는' 것만으로도 우리의 뇌는 긍정적인 효과를 만들어 낼 준비가 되어 있는 셈이다.

한 연구에서, 여성이 위기의 상황에서 남편의 손을 잡자 당연하게도 두려움의 신체 반응이 완화되었다. 재미있는 것은, 두려움의 반응 완화는 여성들이 남편과 얼마나 친밀한지, 그리고 손의 접촉 외에 진정시키는 얼굴 표정이나 감정의 조율 정도에 따라 차이를 보였다는 것이다. 직접적인 상호작용도 중요하지만, 그 배경과 바탕 또한 관계에 큰 영향을 미친다고 해석할 수 있다.

플라세보 효과는 관계의 MSG

관계에서의 플라세보 효과를 어렵게 생각할 필요는 없다. 서로에게 오고 가는 말과 메시지 이상으로 비언어적 표현 혹은 관계에 대한 무의식적인 바탕이 그만큼 중요하다는 말이다. 같은 말을 주고받더라도 서로가 쌓아 왔던 유대감의 깊이는 의미를 전혀 다르게 만들어버린다. 상대와 관계에서 고전한다면, 지금껏 진심이 담긴 바탕을 쌓아 올리는 것이 부족하지 않았나 돌아볼 필요가 있다. 관계에 있어 '진정한' 플라세보 효과를 내고 싶다면 서로에 대한 인간적인 신뢰가 충분히 무르익은 시간과 경험들이 필요하지 않을까.

힘들어하는 상대에게 구체적인 말과 행동, 무엇인가를 해주려는 노력보다는 어깨를 툭 치며 함께 하늘을 바라보고 한숨을 쉬는 것과 같은 비언어적 공감이 관계의 부족한 부분을 더 잘 채울 수 있을지도 모른다. 그리고 이는 관계의 결을 더욱 다채롭고도 풍요롭게 만들어 주는 관계의 'MSG'와 같은 역할을 할 수 있을 것이다.

상처를 겪은 후 사람들을 대하기가 어려워요

Q

이직한 지 얼마 안 된 신입사원입니다. 밝고 사람들과 잘 지내왔던 제가 사람을 무서워하고 피하게 되었습니다. 전 남자친구와의 나쁜 연애와 이별 그리고 이전 회사 퇴사 과정에서 받은 상처가 너무 짧은 시기에 있었고 이직 준비와 경제적 어려움 때문에 제대로 스트레스 해소를 못 한 것이 원인이 아닐까 싶습니다.

직업의 특성상 사람과 많이 이야기해야 하는데 최대한 통화는 피하고 메일이나 문자로만 이야기하려 합니다. 급한 상황에서도 문자로만 이야기하니 상대방이 답답해하는 경우도 많습니다. 사적인 관계에서도 이성은 아예 피하고 원래 친한 친구도 웬만하면 만나지 않으려고 피합니다. 동성인 사람과도 이야기하기 전에 가슴이 두근거리고 걱정이 됩니다. 룸메이트와 함께 살고 있는데 룸메이트가 나에게 말을 걸까봐 자는 척하고, 룸메이트가 없을 시간에만 집에 들어가기도 합니다.

자도 자도 끊임없이 피곤하고 10년 동안 일정했던 체중도 급격하게 증가했습니다. 나 자신을 가꾸고 싶은 마음도 사라졌습니다. 이직 직후에는 적응하느라 피곤해서 그런가 싶었지만 적응된 이후에도 계속 그렇고 이직 후에 업무 강도는 오히려 낮아졌습니다.

문제는 도통 어떻게 해결해 나가야 할지 모르겠다는 점입니다. 현재의 회사 분들도 너무 좋은데 같이 있으면 불안함이 심해서 제가 아무 말도 하지 않으니, 전혀 가까워지지 못하고 있습니다. 직업적인 애로사항도 많고요. 지옥 같은 삶을 살다가 이제야 모든 게 정상이 되고 행복해졌는데 아직도 불행한 제 자신이 너무 답답합니다.

A

지난 1년간 얼마나 고생이 많으셨을까요. 너무 많은 일들이 짧은 기간 동안 질문자에게 상처를 남기고 간 듯해서 안타깝고 마음이 아픕니다.

사람을 피하는 증상은 겉으로 보면 사람들과 대인관계가 두렵고 단절된 듯해서 사회불안증에서 흔히 보이는 사회불안과 회피로 보일 수 있겠지만, 실은 말씀하신 것들이 우울증의 증상에 더 가까워 보입니다. 만성적인 피로감, 외부 활동에 대한 의욕 저하, 활동의 감소, 갑작스러운 체중의 변동, 잦은 불안감 등은 우울증을 말해주고 있습니다.

먼저 의학적으로 드리고 싶은 조언은, 자신의 상태를 잘 알고 거기 맞는 적절한 치료를 받기 위해서 정확한 진단을 먼저 받으시라는 겁니다. 굳이 약물치료 등이 필요하지 않은 우울증이더라도, 그 정도를 정확하게 아는 것은 많은 도움이 될 겁니다.

또 자신의 마음을 잘 들여다볼 필요가 있어요. 사람들과 함께 있는 상황, 타인과의 관계를 맺는 상황을 자신은 어떻게 받아들이고 있나요? 사람들이 자신을 이상하게 볼 거라 지레짐작했던 것은 아닐까요? 사람들이 자신을 받아들이지 않을 것이고, 예전 남자친구가 자신을 떠났던 것처럼, 이전 회사에서 오해를 받았던 것처럼 결국 혼자 남게 될 거라는 생각을 하진 않았을까요?

사람들은 자신도 모르는 사이에 자신, 타인, 그리고 상황에 대해 해석을 합니다. 이는 부지불식간에 색안경을 끼고 세상을 바라보는 것과 같아요. 이전 직장에서 그리고 전 애인에게서 받은 상처로 타인을 받아들이는 시선이 왜곡되어 있을 수도 있어요. 일종의 부정적인 틀로 세상을 바라보게 된 것이지요. 타인의 시선이나 말을 부정적으로 평가하고, 다른 사람들이 자신을 낮게 평가할 것이라는 생각에 외부와 교류를 끊은 채 고슴도치처럼 웅크리고 가시를 세우고 있을지도 모릅니다. 왜곡된 시선을 가지고 있다면 아무리 상황이 좋게 변해도 세상은 어두컴컴해 보입니다. 그러니 나, 타인 그리고 세상을 어떤 틀을 통해 바라보게 되는지 알 필요가 있습니다.

건강하지 않은, 왜곡된 생각들이 있음을 알게 된다면 좀더 건강한 생각들로 대체할 필요가 있습니다. 주변에 있는 롤 모델을 활용해보세요. 건강하고 현명한 친구나 지인이 주변에 있다면, 과연 그 사람은 이 상황을 어떻게 해석할 것인지를 떠올려보는 겁니다. 직접 조언을 구하는 것도 좋아요.

이렇게 왜곡된 시선들을 건강한 시선들로 대체해 나가는 연습을 해 나가야 합니다.

또 활동을 계획하여 조금씩 늘려가야 해요. 모든 활동을 다 하려고 들 필요는 없어요. 또, 한 번에 너무 많은 것들을 해내야 한다는 부담을 가질 필요도 없어요. 가능하지도 않고요. 한 번에 하나씩, 신중하게 활동을 늘려가 보세요. 가까운 곳에 매일 30분 정도 좋아하는 음악을 들으며 산책을 시작하는 것도 좋겠네요. 활동을 선택하는 기준은 활동 후의 성취감과 즐거움으로 잡으시고, 이 기준에 맞게 적절한 수준의 활동을 계획하고 실천에 옮겨보세요.

우울증이 심해질수록 타인의 도움을 받는 것이 불편하고 어렵게 느껴질 수 있습니다. 용기를 내어 주변에 손을 내밀어 보세요. 분명 손을 잡아주는 이들이 있을 겁니다. 혼자 할 수 있는 노력들을 열거했지만, 우울증이 사회생활, 일상생활, 대인관계에 영향을 미치고 있는 현 상태에서는 전문적인 도움을 받으시는 것도 좋을 것 같아요. 개인적인 노력도 함께할 필요가 있음은 물론입니다.

상처가 지나간 마음의 자리에, 건강한 새살이 돋게 되길 간절히 바랍니다.

우리는 상대의 마음을 읽을 수 있을까

눈빛만 봐도 알아요, 당신의 마음을

우리는 타인을 대할 때 가장 먼저 얼굴을 바라보게 된다. 그리고, 얼굴에 드러난 표정, 눈빛 그리고 행동을 보고 상대방의 마음을 짐작하곤 한다. 상대가 나를 향해 얼굴을 찌푸리고, 몸도 반쯤 다른 쪽으로 향해 있다고 생각해보자. 나도 어딘가 불편해지고, 상대가 나에게 안 좋은 생각을 가지고 있는 것 같기도 해서 분위기는 금세 싸해진다. 반대로, 나를 향해 싱긋 웃어 주고, 몸을 살짝 기울여 내 말에 경청해주는 모습을 보인다면, 상대가 나에게 호감을 가지고 있을 거라는 생각에 화기애애한 분위기가 형성되기도 한다. 이런 예측에 깔린 기본 가정이 있다. 바로, '내가 상대의 마음을 읽을 수 있다'는 생각이다.

정말 우리는 상대의 마음을 읽을 수 있는 것일까? 가능하다는 쪽은 만국 공통의 슬픔, 괴로움, 분노 등의 감정을 이야기한다. 미간을 찌푸리고 눈을 내리깔고 눈물이 그렁그렁 맺힌 이를 보고, 행복해 보인다고 여길 수 있는 이는 세상에 없을 것이다. 이맛살을 찌푸린 채 이를 앙 다물고 이쪽을 노려보는 이는 마치 분노의 화신 같아 보인다. 이러한 원초적인 감정의 표현은 나라와 문화를 초월하는 법.

우리나라에서도 관상을 보는 문화가 있다. 눈썹, 눈, 코의 모양, 인중의 길이, 광대의 크기 등 얼굴 전체의 윤곽과 모양을 통해, 단순히 상대의 마음을 읽는 것을 넘어 그 사람의 성격과 나중에 펼쳐질 삶도 알 수 있다는 것이다. 물론, 이는 비과학적인 방법이다. 하지만 최근 발표된 한 심리학 연구에서는 어느 정도는 인류 보편적으로 특정 이목구비에 대한 호불호가 있다고 밝혔다고 한다. 연구에서는, 우리가 일반적으로 무서워 보이고, 기피하는 얼굴 형이 공통적으로 존재함을 증명했는데, 겉으로 보이는 생김새로 한 인간을 재단하고, 의중을 파악하려는 것이 우리나라 사람만의 기호는 아닌 듯하다.

불가능하다는 쪽은, 나라마다 다른 제스처를 이야기한다. 가령, 검지와 중지로 브이(V)를 그리는 것은 승리의 의미로 알고 있지만, 그리스에서는 욕에 가까운 표현이라 한다. 엄지를 치켜드는 행위는 '최고' 혹은 기분이 좋음을 나타낸다 생각하지만, 호주나 그리스, 러시아 등 일부 나라에서는 무례한 말 혹은 비하의 말을 의미하는 것이다. 그러니 겉으로 보이는 행동거지로는 상대의 의중을 알 수 없다는 것이다.

사실, 우리가 상대의 모습에서 추출할 수 있는 의미들은 다분히 사회문화적인 영향 하에 있을 뿐이다. 그리고, 원초적인 감정들을 표현하는 방법 또한 사람마다 제각각일 수밖에 없다. 문제는, 우리는 일상생활에서 상대의 마음을 잘 알고 있다고 착각한다는 것이다.

나도 모르게 행하는 '독심술', 관계를 망친다

독심술(讀心術). 말 그대로 상대의 마음을 읽는 기술이라는 말이다. 심리학자 아론 벡(Aaron T. Beck)은 우울증을 만들어 내는 생각의 오류 10여 가지를 밝혀냈는데, 독심술은 우리가 흔히 범하는 생각의 오류 중 하나이다. 사실, 우리가 상대의 마음을 '추측할' 뿐이지, 실제로 읽을 수 있는 것은 아니다. 그러므로, 우리가 일상생활에서 시시때때로 행하는 독심술은 상대와의 불협화음을 불러일으키기 쉽다.

독심술은 관계를 깨트린다. 손뼉도 마주쳐야 소리가 난다. 상대의 의중을 지레짐작하여 대처한다면, 두 사람의 관계는 엇박자가 날 뿐이다. 또한, 상대가 나에게 부정적인 마음을 품고 있다 느낀다면 분노가 일어난다. 사실에 기반을 둔 설전이 아님 감정적이 싸움이 일어날 수 있다. 반대의 경우도 마찬가지다. 상대방의 입장에서, 자신의 생각이나 감정이 오해받는 것은 썩 유쾌한 경험은 아니다. 이 또한 감정을 자극하기 마련이다.

특히, 오래 보아온 가까운 관계, 이를테면 가족, 친지, 친한 친구, 오래된 연인에서는 독심술의 오류가 더욱 잘 나타난다. 내가 상대방을 너무 잘 알고 있다 생각하기 때문이다. 하지만, 평생을 해로한 노부부도 상대의 의중을 다 알아챌수는 없는 법이다.

독심술, 실은 내 마음이 반영된 것

독심술이 오류일 수밖에 없는 또 한 가지 이유가 있다. 바로, 상대의 마음이라 짐작했던 내용들이, 실은 자신의 마음의 반영일 수 있다는 것이다. 정신분석 이론에서는 이를 투사(projection)라 한다. 오늘따라 부장님이 인상을 쓰고 있을 때, 가장 켕기는 사람은 어제 거래처와 회의에서 큰 실수를 한 김 대리일 것이다. 아내가 슬픈 표정을 짓고 있다면 남편은 어제 회식에서 늦게 들어온 미안함에 눈치를 보게 된다.

상대의 마음이라 생각한 것에, 실은 자신 마음속의 불안, 분노, 슬픔 등이 투영되는 것이다. 즉, 자신이 의식하지 못했던 마음 깊은 곳에 있는 것들이 은연중에 관계를 이끌고 있는 지도 모른다. 그리고, 의식하지 못하는 영역이기에 더욱 충동적이고, 서툴 수밖에 없다.

독심술의 오류를 벗어나기 위해서는

우리는 짐작하는 상대의 마음이 맞냐 틀리냐를 떠나, 상대의 마음을 미리 짐작하고 예단할 때의 부작용을 생각해 볼 필요가 있지 않을까. 보편적으로 상대의 모습에서 추리할 수 있는 생각과 감정이 있다 할지라도, 이를 둘러싼 환경, 직전의 상황, 생각과 감정의 기반이 되는 '그 무엇'을 감히 타인이 추론할 수 있을까. 입장을 바꾸어서 생각해 보자. 오늘따라 배가 아파 미간을 찌푸리고 앉아서 일만 하고 있는데, 상사가 '어제 내가 혼낸 것 때문에 그러느냐. 겨우 그 정도 심보밖에 안 되느냐'는 식의 비난을 건넨다면 내 기분은 어떨까? 오해는 분노를 일으키기 쉽다. 내가 뜻한 바가 아닌데도 상대가 오해를 해 받아들이고, 심지어 이로 인해 나에게 비난이 가해진다면 최악의 상황에 가깝다. 그러니, 상대방의 마음의 윤곽이 보이더라도, 한 호흡 뒤에 조금은 늦게 반응할 필요가 있다. 이는 가까운 사이일수록 더욱 어렵기에, 연습이 필요하다.

관계에서 오해가 잘 생기는 이라면, 내가 지레짐작하는 것에 나의 무의식이 묻어있는 것은 아닌지 고민해보자. 내가 기분이 상한 이유가, 자신의 욕심이 상대에게 투영된 것이 아닌지 생각해 볼 필요가 있다.

사회불안, 건강한 자존감 회복이 답

사회불안과 타인 중심적 삶

조 대리는 임원들 앞에서 중요한 발표를 앞두고 있다. 그는 발표 때만 되면 얼굴이 붉어지고, 가슴 언저리에 뭔가를 눌러놓은 듯 답답해지고, 이마에 식은땀이 송글송글 맺히기 시작한다. 목이 타는 것 같아 애꿏은 물만 들이킨다. 하려 했던 말은 긴장 속에 머리 안에서 실타래처럼 뒤엉키고, 이내 머리 안이 하얗게 되어 말을 더듬기 일쑤다. 오늘도 이런 자신을 지켜보고 있는 사람들의 시선을 의식하며, 얼마나 바보 같아 보일까, 얼굴은 더욱 붉어지고 가슴은 두방망이질 친다.

'오늘도 완전 망했군….'

타인의 시선 앞에서 느끼는 불안을 사회불안(social-anxiety)이라 한다. 삶 속에서 사회불안은 다양한 모습으로 나타난다. 대중들 앞에서 발표하는 일이 불안한 발표 불안, 무대 위의 연극이나 공연이 두려운 수행 불안(혹은 무대 공포증), 사람들 앞에 서는 것 자체가 두려운 대인기피증 등이 바로 그것이다.

사실, 사회불안은 누구에게나 있다. 여러 사람의 시선을 마주하고 발표하는 일이 익숙한 사람은 거의 없을 것이다. 어떻게 보면 이는 당연하다. 인간은 타인의 도움과 협력을 통해 살아가는 사회적 동물이기 때문이다. 무인도에서 혼자 살아가는 영화 〈캐스트 어웨이〉의 주인공도, 윌슨이라 이름 붙인 배구공을 친구 삼아 외로움을 겨우 견디지 않았던가. 인류가 생존하고 진화해온 근간을 생각하면, 나를 둘러싼 타자의 시선을 의식하지 않을 수 없는 것이다. 또 타인의 인정을 획득하지 못하는 것은, 생존의 측면에서 재앙에 가깝다. 무리의 인정을 받지 못해 무리를 벗어난 원시인은 혼자 채집을 하러 다니다 결국 포악한 육식동물의 먹잇감이 되기 십상이니까. 자신을 둘러싼 공동체에서 밀려나는 느낌은 원초적인 공포를 자아낼 수밖에 없다.

하지만, 사회불안의 정도가 지나치면 문제가 된다. 발표를 앞둔 사람들은 대개 긴장하고 있지만, 발표 후 얼마 지나지 않아 발표 내용에 몰입하며 긴장이 조금씩 사라진다. 정도의 차이지만, 대부분은 사회적 상황에서 나타나는 불안을 잘 견뎌낸다. 하지만, 어떤 이들은 사람들의 시선과 부정적인 피드백이 두려운 나머지 이리저리 핑계를 대며 발표를 회피한다. 발표를 하게 되더라도 머리가 백지처럼 하얗게 되어 중요한 내용을 전달하지 못하기도 한다. 더 극단적인 경우는, 사람들을 대하는 직업 자체를 기피하는 이들도 있다. 사회불안이 대인관계, 사회생활, 직업적 기능 등에 영향을 미치는 경우 사회불안 장애(사회불안증, social anxiety disorder)으로 진단 내릴 수 있다.

사회불안의 좀 더 깊은 곳을 들여다보자. 사회불안을 겪는 이들은 타인의 시선에 휘둘리는, 삶의 무게중심이 타인을 향해 있는 위태로운 모습이다. 삶의 기준을 타인의 시선에 두는 것은 지극히 타인 중심적 삶이다. 조금 거칠게 말하면, 상대가 내 우위에 서도록 허용한다는 말이기도 하다. 스스로 상대적으로 낮은 곳에 자신을 위치시킨다. 그리고, 그곳에 자신에 대한 사랑은 없다. 이러한 측면에서 보면 사회불안의 근간은 낮은 자존감에 있다.

낮은 자존감을 회복하기 위해선 어떤 노력을 할 수 있을까? 자존감 향상을 위한 노력은, 삶에 깊이 뿌리내린 자존감의 근원을 가늠해보는 것에서 시작한다. 낮은 자존감은 짧은 기간에 생겨나는 것이 아니다. 어릴 때 마음에 뿌려진 자존감의 씨앗은, 성장 과정에서 무수히 많은 사건을 경험하며 자라나고 다듬어진다.

부모를 비롯한 가까운 양육자, 친구들, 선생님과의 관계에서 겪었던 감정, 사건을 떠올려보자. 사회불안을 조장했던 기억들이 불편할 수 있다. 과거의 사건들에 대한 자책이나 원망을 하자는 이야기가 결코 아니다. 위축되고 외로웠던, 그래서 타인의 시선에 휘둘려야만 했던 과거의 자신에 대한 깊은 공감과 이해를 위함이다. 또, 자신에 대한 진실한 공감과 깊은 이해는 자신을 사랑할 수 있는 바탕을 만들어준다.

사회불안을 가진 이들의 공통된 행동 중 하나는, 불안한 상황이 예상되면 자리를 피하는 것이다. 이는 불안에 대한 회피 대처가 습관이 된 탓이다. 회피가 습관이 되면 감정 또한 쉽게 열리지 않는다. 과거에 대한 회상이 불편하면, 기억 자체를 자신도 모르게 억압하게 된다. 그럼에도 불편한 기억과 감정을 하나씩 잘 정리할 필요는 있다. 누구에게도 보이고 싶지 않아 마음 구석에 아무렇게나 덮어놓은 기억은, 퀴퀴한 악취를 내뿜으며 언젠가는 자신을 괴롭히게 되니까.

물론 과거의 자신을 돌아보고, 그때의 자신에게 마음으로 위로를 건네는 과정이 쉽지는 않을 것이다. 지금의 자신은 이렇게 고통스러운데, 과거를 돌아보는 것이 무슨 의미가 있을까 하는 생각이 들 수도 있다. 하지만, 이것 하나는 꼭 기억하자. 우리가 겪고 있는 삶의 습관들을 배워왔듯, 낮은 자존감도 성장 과정에서 학습된 것일 뿐이다. '나' 중심이 아닌 타인 중심의 태도가 자신도 모르는 사이에 몸과 마음에 스며들었을 뿐인 것이다. 오랜 기간동안 습관이 된 것들이 한순간 바뀌지는 않을 것이다. 하지만 살아가며 새로운 습관들이 하나둘 생겨나듯이, 건강한 자존감을 회복하기 위한 노력을 꾸준히 할 수만 있다면 건강한 삶도 배울 수 있다.

일상의 작은 성취가 중요하다

자존감 회복을 위해서는 일상에서의 작은 성취감을 얻어 나가는 것이 중요하다. 사회불안을 조장하는 상황들을 10가지 정도 나열해 적어보고 순위를 매겨보자. 그중 가장 강도가 낮은 상황을 골라, 익숙해질 때까지 몇 번이고 연습하는 것이다. 이 상황에서 무엇을 목표로 할지가 중요하다. '불안해하지 말자', 혹은 '떨지 말자'가 목표가 되어선 곤란하다. 감정과 신체 감각은 본질적으로 통제하거나 조절할 수 없는 것들이다. 통제할 수 없는 것을 통제하는 것은 좌절을 안겨줄 뿐이다. '불안하더라도 끝까지 자리를 떠나지 말자', '대화가 끝날 때까지 견디자'가 건강하고 합리적인 목표가 된다. 불안은 견디는 것이지, 스위치를 끄듯 제거할 수 있는 것은 결코 아니기 때문이다.

처음에는 너무도 불편할 수 있지만, 상황을 무리 없이 견뎌낼 수 있는 '뇌의 근육'을 키운다 여기자. 그리고 잘 견뎌낸 자신에게 충분한 칭찬과 보상을 건네자. 불안한 상황을 회피 없이 반복적으로 마주하면서, 뇌세포는 새롭게 조직되어 건강한 대처를 위한 신경전달 경로를 만들어낸다. 반복을 통한 작은 성취감은 자존감 향상을 위한 좋은 재료라 할 수 있을 것이다.

사랑하는 사람이 세상을 떠났어요

Q

저는 어릴 적 아버지를 여의었어요. 홀어머니와 함께 살며 아버지 없는 설움을 많이 당했습니다. 이유 없는 죄책감, 애초에 없었던 빈자리를 인정하는 데만도 정말 많은 시간이 걸렸습니다. 너무 감사하게도, 돌아가신 아버지의 빈자리를 작은아버지가 채워주셨습니다. 바로 작은아버지입니다. 제가 그릇된 길을 가지 않는 데 작은아버지의 도움이 절대적이었다고 해도 과언이 아닐 것 같아요.

일주일 전 작은아버지는 천국으로 떠나셨습니다. 다시 저에게 영원히 채워지지 않을 빈자리가 생겨버렸습니다. 장례를 치르는 동안은 혼절할 정도로 울었습니다. 너무 우울하고 슬퍼서, 아무 일도 손에 잡히지 않아요. 자꾸 돌아가신 분의 말씀과 그 모습만 생각납니다. 제가 진작 알았다면, 작은아버지가 그랬던 것처럼 제가 작은아버지의 건강을 챙겼더라면…. 자꾸 지켜주지 못했다는 죄책감만 생깁니다. 잠도 쉽게 들지 않고, 눈을 감으면 그날의 장면이 떠올라 자꾸 깨어납니다. 이러니 회사에서의 일은 말할 것도 없지요. 어떻게 해야 할까요? 도저히 벗어날 수 없을 것 같아요.

A

얼마나 힘드실까요. 중요한 대상의 상실은, 인생에서 손에 꼽히는 심리적인 고통을 만들어 냅니다. 질문자님의 말마따나, 마음의 빈자리를 채워 주셨던 아버지와 같은 분이셨다니 그 슬픔이 오죽할까요.

인간은 태어나 생을 살면서 수많은 사람들과의 만남과 이별을 반복합니다. 그 인연의 깊이나 길이와는 상관없이, 헤어짐 이후에는 필연적으로 아픔의 시기가 찾아옵니다. 우리는 상실 이후 파도처럼 밀려오는 그 슬픔의 시기를 '애도기간'이라고 부르죠. 상실의 대상에 대해 가지고 있었던 익숙함을 조금씩 떨쳐내기 위해서는 충분히 이별을 슬퍼하고, 현실을 받아들이기 위한 시간이 필요합니다. 경우에 따라서는 꽤 많은 시간이 필요할 수도 있습니다.

아마, 갓 상실을 겪은 현재 상태는 굉장히 혼란스러우실 겁니다. 마음 안에 큰 자리를 차지하고 있던 분이라면, 그 공허함은 이루 말할 수 없겠죠. 현재 겪고 계시는 우울, 초조, 불면, 돌아가신 분의 목소리가 들리는 것 같은 착각 등은 이 애도 기간 동안 충분히 나타날 수 있는 증상입니다. 극심한 상실에 대한 고통은 우리가 평소 겪지 않았던 여러 가지 증상들을 만들어내기도 합니다. 이를 애도 반응이라 합니다.

중요한 것은 상실 후의 애도 반응은 자연스럽게 따라오는, 인간이라면 누구나 겪는 과정이라는 것입니다. 애도 반응의 기간은 사람마다 다 다르지만, 시간이 지나면서 점차 극복될 것입니다. 아마 힘드시겠지만, 혼자서 그 모든 고통을 감내하기보다 가까운 이들과 이러한 감정을 공유하고 충분히 위로받으셨으면 좋겠습니다. 그 누구도 온전히 이해할 수 없는 성질의 슬픔이겠지만, 이를 마음에 담아두고 눌러놓는 것은 더 힘든 후유증을 만들어내기도 합니다.

또 하나, 슬픔 때문에 기존에 하던 활동들을 중단하는 것은 상처가 회복되는 데는 도움이 되지 않습니다. 활기찬 활동을 할 수는 없겠지만, 다니던 직장을 그만두거나 외부 활동을 전면 중단하는 것은 슬픔을 마음 안에 붙들어 두는 행동입니다. 가능하면 일상에서 하던 루틴을 그대로 유지하는 것이 도움이 될 겁니다.

결국, 우리가 해야 할 것은, 좋든 싫든 '견디는 것'입니다. 떠난 이를 애도하는 일은 참 어렵고 고통스럽지요. 아마 이따금 찾아오는 외로움과 쓸쓸함에 익숙해져야 할 수도 있어요. 하지만 우리가 알아야 할 단 하나의 사실은, 세상이 모두 무너질 것 같은 슬픔도 결국엔 지나간다는 것일 겁니다.

그리고, 애도 기간을 어떻게 보내느냐에 따라 상처의 치유 정도가 결정된다고 해도 과언이 아닙니다. 역설적이지만, 애도의 시간을 현명하고 건강하게 보내어야 떠난 이들을 더 잘 애도할 수 있습니다. 부디 마음에 조금이나마 위안이 되었으면 합니다.

대화에 대한 공포, 어떻게 극복해야 할까

자기주장이 강한 이들이 주목받는 세상이다. 과도한 겸손과 억압의 사슬을 벗어나 다채로운 자기표현을 통해 자신을 좀 더 드러내고 알리는 것이 미덕인 사회로 바뀌어 가고 있다. 자신의 생각과 느낌, 모습을 쉽게 드러낼 수 있는 SNS와 같은 수단이 많이 발달한 덕이기도 하다. 젊은 세대는 처음 보는 이들과도 거리낌 없이 의견을 교환하고 소통한다.

하지만, 그 반대 극단에 놓여 있는 이들에게 이런 분위기가 참 고통일 것이다. 사람들의 눈을 마주치기만 해도 움츠러들고, 사람들이 주목하는 것 같은 상황에서는 식은땀이 나며, 온몸이 굳어버리고 금세 공황 상태가 되어버린다. 특히

168

대화에 대한 두려움을 호소하는 사람들이 많다. 타인과의 대화를 하게 되면 더 많이 경직되고, 긴장하며, 가벼운 대화에도 말을 더듬고, 결국 어색한 분위기를 만들어버리는 경우가 많다. 이런 상황이 반복되면서 결국 대화 자체에 대한 공포가 생겨나게 된다.

대화에 대한 두려움을 가진 이들의 생각

사회불안증을 가진 이들은, 타인과의 대화를 두려워하는 경우가 많다. 그 마음을 들여다보면 대개 다음과 같은 생각들이 발견된다.

'내가 대화하는 것을 저들이 재미없다고 할 거야.'
'내가 말하는 것을 상대방은 관심 없을 거야.'
'나는 원래 말을 잘하지 못해.'
'내가 대화를 잘하지 못해서, 저들이 나에게서 흥미를 잃을 거야.'

위와 같은 생각들이 머릿속에서 맴돌고 있다면, 타인과 대화하는 모든 상황은 두려워진다. 불안감과 초조감이 밀려오고, 타인의 표정 변화나 시선의 변화에 가슴이 덜컹 내려앉기도 하며, 대화를 빨리 끝내려고, 혹은 대화를 잘하려고 하는 노력이 역설적으로 어색한 분위기를 만들어내기도 한다. 타인과 대화하는 순간에 이런 생각들이 들게 된다면, 등 뒤에 식은땀이 흐르고, 가슴이 두방망이질 치는 교감신경 항진 증상이 나타나게 되는 것은 두말할 나위 없다.

대화 상황에서 위와 같은 반응들이 반복된다면, 다시 누군가와 대화를 할 때면 더욱 움츠러든다. 그리고 이러한 감정, 행동, 생리적 반응이 더 심해지는 악순환이 된다. 이처럼, 대화 자체에 대한 왜곡된 시각은 대화에 대한 두려움을 만들어 내게 된다.

'가벼운' 대화, 지나친 의미부여를 하고 있는 건 아닐까

사회불안이 심한 사람은 가벼운 대화에 대해 지나친 의미부여를 하는 경향이 있다. 대화의 주제는 진지하거나 유익해야 하며, 대화를 할 때 자신이 상대방의 마음에 들도록 말을 잘해야 한다는 생각을 한다. 이런 지나친 의미부여가 오히려 대화를 더욱 어렵게 만들기도 한다.

하지만, 반드시 기억해야 할 것은 대화 공포 극복의 첫발을 내딛기 위해서 '가벼운' 대화를 나누는 것부터 시작해야 한다는 것이다. 사회불안을 벗어나 타인과 소통의 물꼬를 트기 위해서는 무겁고 중요하고 유익한 대화보다는 본인도 부담을 느끼지 않는 사소한 화젯거리들을 이야기하는 것부터 시작해야 한다. 대화가 처음부터 진중하고 완벽해야 할 필요는 없다. 그렇게 하는 것이 실질적으로 불가능하고 말이다. 대화에 부담을 느끼고 있다면, 대화 상황을 바라보는 자신의 시각을 점검해 볼 필요가 있다.

'가벼운' 대화 시작하기

물론, 사회불안이 심한 이들에게는 가벼운 대화조차 어렵게 느껴질 수 있다. 당연히 해보지 않은 행동을 시작할 때에는 연습이 필요한 법이다. 먼저, 자신이 가장 부담을 덜 느낄 수 있는 가벼운 인사를 한 번 만들어보도록 하자.

오늘의 날씨 : 오늘 날씨가 참 맑네요.
어제는 쌀쌀하더라고요.
식사 여부 : 식사는 맛있게 하셨어요?
아침은 매일 드시고 오세요?
가십거리 : 그 뉴스 보셨어요?
인터넷에서 어떤 뉴스를 봤는데…

이러한 대화 주제라면 가볍게 이야기 할 수 있을 것이다. 대부분 대화의 시작은 위의 주제를 벗어나는 경우가 거의 없다. 상대방과 대화의 물꼬를 트는데 엄청난 화제거리가 필요한 것은 아니다. 그저, 평상시에 연습한 가벼운 한두 마디 정도면 충분하다. 대화를 어렵게 만드는 것은, 대화 자체에 지나친 의미부여를 하는 나 자신이라는 것을 기억해야 한다.

대화의 책임은 나에게만 있는 것이 아니다

사회불안증을 가진 이들은 대화 결과에 대한 책임의 화살을 자신에게 돌리는 경우가 참 많다. 네트를 사이에 두고 공을 주고받는 테니스를 떠올려 보자. 내가 상대에게 서브를 잘 넣는 것도 중요하지만, 상대방이 적절하게 공을 받아넘기지 않는다면 랠리는 금세 끝나버린다.

대화의 책임은 정확하게 50:50이라는 것을 기억해야 한다. 나의 대화의 기술이 부족한 것만이 어색한 대화의 이유는 절대로 아니라는 것이다. 상대방의 대화 기술이 부족하거나, 상대방이 나보다 더 사회불안이 심할 수도, 혹은 상대방에게 사정이 있어 마음이 급할 수도 있는 법이다. 자신에게 모든 책임이 있고, 대화를 주도해서 '성공적으로' 혹은 '완벽하게' 이끌어야 한다는 생각이 대화를 더 경직되게 만드는 원인이다.

작은 생각이 꼬리를 물고 물어, 결국 최악의 상황을 가정하게 되는 '재앙화' 또한 경계해야 한다. 재앙화에 쉽게 빠지는 이들은 사소한 대화의 어색함, 한순간의 교감의 좌절을 '앞으로의 사회생활의 실패', '직장이나 학교에서의 따돌림' 혹은 '영원한 사회 부적응자가 될 것'이라는 파국적인 수준으로 해석하게 된다. 그렇다면 대화의 매 순간이 자신에게는 너무도 중요하고, 그 때문에 늘 긴장하게 되어 타인과의 사회적인 교류는 끔찍하고 두려운 일이 될 것이다.

대화가 잘 이어지지 않았을 때 자책만 하기보다 일어날 수 있는 최선의 상황, 최악의 상황, 그리고 그 둘을 고려한 가장 현실적인 결과를 직접 노트에 적어보도록 하자. 이를 통해 자신이 평소 가졌던 생각의 오류를 발견할 수 있을 것이다. 대화가 어긋난다 한들 자신에게 일어날 수 있는 최악의 상황은 '잠시 기분이 좋지 않고 민망해지는 것', 그것뿐이다.

'대화할 때 불안해서는 안 돼. 대화하는 것은 일상적인 일이니까.'라는 식의 완벽주의 또한 대화를 어렵게 만든다. 타인과 대화를 할 때, 100% 긴장하지 않고 이야기 할 수 있는 사람은 없다. 또한 자신이 불안을 느낀다고 해서 그것이 과연 끔찍한 일인지를 자문해 볼 필요가 있다. 앞으로 변화하기로 결심했다면, 지금 이 순간에 대화에서 느끼는 불안은 미래의 변화를 위한 토대가 될 수 있다. 사람은 누구나 사소한 문제들을 가지고 있고, 자신 또한 그러한 문제를 조금씩 극복하기 위해 노력 중이라는 사실을 늘 상기할 필요가 있다. 역설적으로, 일부러 완벽하지 않은 '틀린' 대화를 시도해보는 것도 도움이 된다. 어느 쪽이든 대화가 '완벽할' 필요는 절대로 없고, 그런 노력을 기울이는 것 자체가 고통을 일으킬 수 있다는 사실을 기억하면 좋겠다.

사랑하는 관계에도 약간의 거리감이 필요하다

—

옥스포드 영어 사전에서는, 사랑이라는 단어를 '상대방에게 이끌려 열렬히 좋아하거나 애착을 느끼는 감정 상태'로 정의하고 있다. 사랑에는 좋아함, 애착의 감정이 수반되어 있다고 한다.

당신은 사랑이라는 단어에서 무엇을 느끼는가? 대부분의 사람에게, 사랑이라는 단어는 따뜻함과 편안함을 연상시킨다. 사랑이라는 감정을 매개로 맺어진 관계를 생각해보면, 부부든, 연인이든, 가족이든 문득 떠올리게 되면 편안하고 의지가 되는 관계들이다. 그러나, 어떤 이에게는 사랑의 이미지가 구속감과 답답함, 막막함과 같은 상반된 느낌일 수 있다. 이는 왜곡된 관계에서 보이는 이기적인 집착과 욕심으

로 인한 것이다. 이것이 사랑의 본질을 망가뜨리고, 결국은
관계가 끝나게 만들어버린다.

사랑을 '소유하려는' 욕심 : 나르시시즘

위에서 이야기한 관계들이, 처음부터 왜곡된 상태로 시
작되는 것은 아니다. 사랑하는 이를 처음 만났을 때, 감정이
깊게 얽히기 전 상대의 마음에 다가가는 과정은 대개 조심스
럽다. 하지만, 관계가 깊게 얽혀감에 따라, 무게의 추가 한쪽
으로 쏠리게 된다. 두 사람이 동일하게 관계에 감정의 에너
지를 투여하는 것이 불가능하기 때문에, 관계에서 불균형이
일어나는 것은 관계에서 자연스러운 현상이다. 물론 대부분
은 이러한 과정을 받아들이고, 감내하면서 건강하게 극복해
나간다.

하지만 관계에 대해 왜곡된 시각을 가진이라면, 이 과정
에서 상대에 대한 실망과 질투, 섭섭함과 불만 등의 여러 감
정이 뒤섞여 복잡미묘한 느낌을 갖게 된다. 그리고 이 느낌
이 시간이 지남에 따라 해소되기는커녕, 점차 마음 전체를
뒤덮어버리게 되어, 상대에 대한 미숙한 행동으로 나타나게
된다.

이들은 상대의 행동 하나하나에 집착하고, 상대를 자신의 통제 안에만 두려 한다. 상대의 행동, 생각, 감정들마저 자신이 예측 가능한 범위 내에 두려는 이기심을 보인다. 관계를 서로 마음을 주고받는 상호호혜적인 관계가 아닌, 한쪽이 소유하고 '관리'해야 하는 것으로 바라본다. 관계에서 나타나는 일종의 숨겨진 '나르시시즘(narcissism)'인 것이다. 그리고 나르시시스트의 진면목이 그러하듯이, 관계 곳곳에서 미숙함에 드러난다. 이러한 두려움에 마치 관계 자체를 자신이 삼켜버려, 자신과 동일화시키고자 하는 무의식적 욕망이 드러나게 되는데, 바로 내사(introjection)라는 방어기제이다. 게슈탈트 치료를 주창한 심리학자 Perls의 말을 빌리자면, "목에 걸리는 것에 아랑곳하지 않고 그대로 씹지도 않고 다 넘겨버리지만, 결국 소화는 되지 않은 상태"를 야기한다. 즉, 성급하게 관계를 소유하고 가지려는 욕심은, 결국 관계를 성숙하게 하지도, 안정적으로 끌고 가지도 못하게 한다.

'삼켜진' 관계의 파국적인 결말

허겁지겁 급하게 삼켜진 관계가 안정적으로 유지될 수 있을까? 한쪽이 소유하고, 통제하면서도 '일방통행'인 관계는 상대방이 지쳐가면서 결국 파국으로 끝나기 마련이다. 그리고 이 과정에서 관계를 맺었던 두 사람 모두 상처를 입게 된다. 사랑했던 마음이 큰 만큼, 상처는 더욱 깊을 것이다.

극단적인 경우를 예로 들었지만, 우리의 삶에서 무게의 균형추가 한쪽으로 과도하게 기울어진 관계의 예를 많이 볼 수 있다. 가장 흔한 것이 부모-자식 간의 관계이다. 사랑스러운 아이는, 성장하면서 점차 자기주장이 강해지고 자신만의 공간을 요구하는 등 독립성을 추구하기 마련이다. 점차 전적인 보살핌을 주기만 하면 되는 일방적인 관계에서 서로 의견과 감정을 주고받으며 의사소통을 해야 하는 양방향의 관계로 바뀌게 되는 것이다.

대부분의 부모는 시행착오를 거치며 이 과정에 잘 적응한다. 하지만, 이 과정에서 부모가 아이의 욕구를 잘 헤아리고 공감하지 못하거나, 과거의 일방적인 관계에서의 '편리함'을 생각하며 양방향의 관계의 불편함을 견디지 못한다면 부모의 나르시시즘은 아이와의 관계를 '삼켜버리려는' 이빨을 서서히 드러낸다. 이 과정에서 부모와 아이 모두 상처를 받게 됨은 물론이고, 아이의 건강한 성장에 걸림돌이 되기도 한다.

모든 영역에서 독립하지 못하고 부모의 통제를 받은 아

이는 '헬리콥터 맘'의 비호 아래 외부의 사소한 변수에도 흔들리고 부모에게 의존하게 되며, 더 나아가서는 부모와 융합되어 자신의 정체성을 잃게 될 수도 있다. 혹은, 부모의 통제에 극단적인 반발심으로 그 나이대의 아이들에게 필요한 훈육과 규율 자체를 거부하고, 행동적인 문제들을 일으키게 될수도 있다. 어느 쪽이든, 아이가 건강하게 성장하지 못하게되리라는 것은 자명하다.

사랑하는 관계에는 적당한 거리가 필요하다

연인, 부부간의 관계에서도 마찬가지이다. 가슴 두근거리는 첫 만남 이후 감정이 얽혀들어 가는 과정에서, 상대에 대한 지나친 간섭은 관계의 균형을 무너뜨린다. 물론, 당사자는 변명할 것이다. '사랑하기 때문에 그래요.', 혹은 '세상에 누가 너에게 이만큼 사랑을 쏟겠어?'라는 식으로. 그러나 사랑이라는 이름 아래 행해지는 모든 행동이 정당화될 수는 없다. 고무공 두 개를 나란히 세워 놓고, 한쪽으로 강하게 압력을 주면 다른 한쪽도 보기 싫게 찌그러진다. 따라서 적당히, 보기 좋게 그리고 균형 잡힌 모습을 위해서는 두 공 사이에 약간의 거리가 필요하다.

관계도 이와 마찬가지이다. 여러 연구에서 밝혀졌듯이, 사랑이라는 감정을 유지케 하는 호르몬인 옥시토신, 도파민 등은 채 몇 년이 유지되지 못한다. 처음에 느낀 사랑의 '감정'은 오래가지 못한다. 호르몬이 감정에 미치는 영향이 시간이 지나면서 줄어들고, 약간의 간섭이나 집착도 그저 사랑의 표현으로 용인했던 눈에 씐 '콩깍지'가 걷어지고 나면, 그때부터는 노력이 필요한 순간이다. 관계의 온건하고도 안정적인 유지를 위해서는, 관계의 적당한 거리감을 찾기 위한 연습이 필요할 것이다.

part. 3

나를 사랑하는 습관

온전하게 퇴근할 수 있는 권리

———

퇴근할 수 있는 권리

오랜만에 야근이 없는 날. 김 대리는 속으로 쾌재를 부르며 몇 달 만에 정시 퇴근했다. 한창 열중하던 프로젝트가 소기의 성과를 거두고 막을 내렸다. 여유롭게 인근 카페에서 커피를 사고, 여자친구와의 약속장소로 발걸음 가볍게 향하던 중 들리는 불길한 소리.

'카톡, 카톡, 카톡, 카톡…'

퇴근 후 채 몇십 분이 지나지 않아 휴대전화의 메신저 알림음이 연달아 울리기 시작한다. 아니나 다를까, 회사 부서의 단체방에서 올라오는 메시지였다.

"○과장은 업무 변동사항 어서 확인하고, ○대리는 확인한 내용 어서 서면 보고 올리도록 하게."

바쁘게 돌아가는 단체방의 메시지들을 보며, 김 대리는 먹던 밥이 코로 들어가는지 입으로 들어가는지 모를 정도로 긴장하기 시작했다. 퇴근 후 이어지는 업무 메시지로 인해 한순간에, 김 대리가 서 있던 곳은 여자친구와의 즐거운 데이트 현장이 아닌, 온몸과 마음을 긴장시키는 업무 현장이 되어버렸다. 김 대리의 머릿속은 데이트를 빨리 끝내고 해야할 업무들과 불쾌감, 불안과 긴장 등으로 뒤엉켜버렸다. 끊었던 담배를 다시 피우고 싶던 순간이었다.

비단 김 대리의 이야기만은 아닐 것이다. 1,245명의 직장인을 대상으로 한 조사에 따르면 97%가 시와 때를 가리지 않는 업무 관련 메시지 때문에 스트레스를 받는다고 답했다. 이들 중 84%는 퇴근 이후 업무 관련 메시지를 받아본 적이 있다고 했고, 메시지를 보내는 상대는 대개 직속 상사였다. 메시지의 절반 이상(54.6%)은 추가적 업무를 위한 지시였다고 한다. 이처럼, 대다수의 직장인은 퇴근 이후에도 업무를 쉽게 내려놓지 못한다.

예전 한 정치인이 정계를 은퇴하면서 했던 이야기가 사람들의 마음을 울렸던 적이 있다. '저녁'이라는 단어 안에는 휴식, 편안함, 재충전, 가족과의 삶과 같은 삶의 질과 관련된 많은 개념이 연결되어 있다. 하지만 지금 당신의 삶은 어떠한가? 당신의 삶에는 '저녁'의 아늑함, 포근함이 있는가? 몸은 직장을 떠나 있어도, 마음은 아직 직장에서 온전하게 퇴근하지 못한 것은 아닐까?

나는 지금, 여기 있는가

tvN의 인기 프로그램이었던 〈꽃보다 할배〉의 한 장면을 떠올려 보자. 노년기에 접어든 대선배들을 모시고 연기자 이서진 씨가 길을 안내하고 있다. 여행을 자주 갈 기회가 없었던 '할배'들은 스케줄은 아랑곳하지 않고 주변을 둘러보며 한가롭게 여행을 즐긴다. 다리가 아프면 잠시 아무 곳에나 앉아 바람을 쐬고, 또 주변의 풍광들을 보며 한 마디씩 거들기도 한다. 하지만 이서진 씨의 모습은 이런 할배들의 모습과 극명하게 대비된다. 그는 어려운 대선배들을 모시고 혹시나 헛걸음을 하게 될까, 불편하게 하지는 않을까 여행 책을 손에서 놓지 못한다. 화면 속의 이서진 씨는 항상 머릿속이 꽤나 복잡한 모습이다. 그의 마음은, 지금 현재의 여행을 전혀 즐기지 못하고 있다.

퇴근 시간이 지나도 업무 메시지에 시달리는 직장인의 모습이, 화면 속의 이서진 씨의 모습과 일견 비슷해 보인다. 물리적인 퇴근 시간은 이미 지나 몸은 직장을 떠나 있지만 메신저에서 울리는 업무 관련 메시지들은 직장인들을 결코 직장에서 '온전하게' 놓아주지 않는다. 퇴근하지 못하는 삶은 과한 부작용을 낳는다.

인간의 몸은 자극이 주어지면 체내의 교감신경계가 에너지를 만들고, 여러 기관을 각성시킨다. 주의집중을 높여 일 처리를 빠르고 정확하게 할 수 있도록 준비시키는 과정을 거치는 것이다. 하지만, 인간이 만들어 낼 수 있는 에너지의 양은 분명 한계가 있다. 에너지가 어느 정도 분출되고 나면, 에너지를 쌓고 흥분을 가라앉히는 시간이 필요하다. 인간의 몸은 자연스럽게 부교감신경계를 활성화해 각성과 흥분을 가라앉히는 시간을 가진다. 이렇듯 인간의 몸은 절묘하게 각성, 흥분과 진정, 휴식의 균형을 잘 맞추어 나간다.

하지만, 퇴근 후에도 우리를 놓아주지 않는 업무들로 인한 각성은 우리 몸과 마음의 균형을 깨뜨린다. 또한, 실제 업무를 하지 않더라도 업무 시의 스트레스를 연상시키는 메시지들 또한 같은 효과를 야기한다. 몸은 퇴근 후 밖에 있지만, 마음은 업무 현장에서 일을 하고 있는 것과 같다. 지속하는 교감신경계의 활성은 고혈압, 심장병, 뇌혈관 질환, 불면증 등과 같은 신체와 마음의 여러 질환을 만들어낸다. 점차 증가하는 성인병, 우울증, 불면증 등의 비율과 현대인의 바쁜 삶은 결코 무관하지 않다.

과거와는 분위기가 바뀌어 사내 조직문화, 회식 문화 등이 개선되어 가고 있다고는 하지만, 고도성장기에 회사에 중요한 덕목이었던 필요 이상의 성실함과 업무에의 충성 같은 찌꺼기는 여전히 남아 있다. 최근 젊은 직장인들 사이에서 해외여행을 핑계로 휴가 기간 동안 휴대전화의 전원을 꺼 놓는 것이 유행처럼 번지고 있다는 소식이 안타깝게 들린다.

지금, 여기 존재하는 것의 중요성

우리 인생에서 중요한 것은 '지금, 현재, 여기에 존재하여 자신의 삶을 온전히 살아내는 것'이다. 사회의 변화가 빨라지고, 복잡해질수록 우리는 현재 이 순간에 닻을 내리지 못하고 과거의 문제들이나, 미래에 일어날지 알 수 없는 것들에 마음을 뺏긴다. 그렇게 함으로써 우리는 지금의 삶을 온전히 살아내지 못한다.

현대인들이 겪고 있는 스트레스의 근원은 이 지점에 있을지도 모른다. 발전한 문명의 이기는 시공간을 초월하여 인간의 삶을 확장하고 연결하지만, 업무와 '내 삶'의 불분명한 경계는 퇴근 후의 휴식을 없애고 계속되는 스트레스를 유발하기 마련이다.

우리에게도 '저녁이 있는 삶'이 필요하다

대한민국은 짧은 기간 눈부신 성장과 변화를 겪어 선진국의 반열에 들어섰지만, 직장을 비롯한 조직 내에서는 아직 삶과 직장의 경계에 대한 인식이 모호하다. '일이 있으면 시간을 막론하고 처리를 해야 한다'는 사고가 팽배해 있으며, 이로 인해 직장인들의 삶이 유린당하기 일쑤다. 하지만, 휴식과 퇴근이 보장된 조직의 업무 효율이 높다는 연구가 속속 발표되고 있으며 긴 업무시간이 업무 생산성을 증가시키지 않는다는 것은 이미 어느 정도 검증된 명제라 할 수 있다. 당연히, 사회적인 인식과 구조의 변화가 최우선일 것이다. 국

내에서도 정부의 주도로 '퇴근 후 업무 카카오톡 금지법'을 추진했던 것처럼, 퇴근 후의 삶을 가지기 위한 대한 제도적인 뒷받침이 필요하다. 이는 직장인들뿐만이 아닌 국민 전체의 행복과 삶의 질에 대한 문제이기도 하다.

개인이 가진 업무와 휴식에 대한 인식의 변화 또한 동반되어야 한다. 업무를 할 때면 스케줄링을 비롯한 업무 효율성을 높일 방법에 대한 고민이 필요하다. 그러면서 업무와 자신을 동일시하기보다는, 건강한 삶을 실현하기 위한 여러 방법의 하나로 여기는 인식도 중요하다. 업무에 대한 스트레스는 자신이 만들어 낸 자기인식에 기인하는 경우도 많기 때문이다. 휴식할 때면 모든 것을 내려놓고, 온전히 집중할 수 있는 무엇인가를 찾는 노력도 필요할 것이다. 독서 혹은 음악 감상이든, 커뮤니티 활동이든 현재, 이 순간에 존재할 수 있게 몰입할 수 있는 방법은 무엇이든 도움이 된다. 물론, 개인의 노력으로 눈에 띄는 변화가 일어나기는 힘들 수 있다. 부디, 사회적인 인식의 변화와 개인의 노력이 조화를 이루어 우리의 삶이 저녁을 온전히 되찾게 되기를 바란다.

쉼이 없는 삶, 나도 혹시 일 중독

—

나는 과연 일 중독자일까 - 일 중독 체크리스트

담배, 술, 마약, 도박… 세상에는 많은 유형의 중독이 존재한다. 흔히 중독이라는 단어를 떠올리면, 음침하고 불법적인 그 무엇인가를 과도하게 사용해 눈이 퀭한 이미지를 떠올리기 쉽다. 하지만, 모든 중독 행위의 기저에 동일한 중독 회로(addiction circuit)가 작동한다는 사실이 밝혀지고 난 이후에는, 특정 행위나 물질에 과도하게 집착하고 필요 이상으로 이를 갈망하는 행동에 대해 '중독'이라는 이름을 쉽게 붙이고 있다. 이를테면 쇼핑 중독, 운동 중독, 탄수화물 중독 등이다.

일 중독 또한 이 중 하나다. 일을 한다는 것은 고대에서

191

부터 생존과 관련된 그 무엇을 얻기 위한 등가교환의 의미를 지닐 뿐 아니라, 삶의 보람이나 정체성, 그리고 자아실현을 위한 수단으로 인정받기도 한다. 반면에, 결과와 성과에만 치중하는 성과 지상주의, 경쟁주의로 인해 정작 일을 하는 주체인 사람의 중요성은 외면받아온 것도 사실이다.

개인이 처리할 수 있는 능력에는 한계가 있음에도 불구하고, 자신을 둘러싼 주변의 시선, 업무와 관련된 자신의 왜곡된 생각 등은 도저히 일을 손에서 놓을 수 없게 만든다. 결국 일과 휴식의 경계가 불분명해지고, 삶 자체가 피로해진다. 하루 24시간이 업무의 연장선이다. '이번 한 번만, 이것만 끝내고 쉬자'는 생각만 할 뿐, 정작 쉬려고 하면 이유 모를 불안이 마음에 엄습한다. 영원히 끝나지 않는 쳇바퀴를 돌고 있는 것과 같다. 이것이 바로 전형적인 일 중독자(workaholic)의 모습일 것이다. 다음 체크리스트를 확인해보자. 이 중 자신의 모습은 몇 가지나 해당하는가?

일 중독 척도

1. 시간에 쫓기고 바쁘다.
2. 동료들이 그만 끝낸 후에도 계속 일을 진행하곤 한다.
3. 계속 일을 벌이고 바쁘게 지낸다.

4. 친구들을 만나거나 취미 혹은 여가를 보내는 것보다 일을 하는 데 더 많은 시간을 쏟는다.

5. 점심을 먹으며 전화 통화를 하는 동시에 메모를 작성하는 식으로 한 번에 2~3가지 일을 처리한다.

6. 내가 하는 일이 즐겁지 않을 때조차도 그 일을 열심히 하는 것은 나에게 중요하다.

7. 가끔 내 안의 무언가가 나로 하여금 열심히 일하도록 충동질하는 것을 느낀다.

8. 그 일이 즐겁지 않을 때도 일을 열심히 해야 할 의무감을 느낀다.

9. 일하지 않고 쉬는 것이 편하지 않다.

10. 일을 하지 않을 때 죄책감을 느낀다.

일 중독 벗어나기

1. 잠시 일을 멈추고 생각해보자.

잠시 잠깐 휴식 시간을 가지자. 변화를 위해선 깊은 고민이 필요하다. 하던 일을 잠시 내려놓고, 일에 파묻혀 헤아리지 못했던 내면의 목소리에 귀를 기울여보자. 노트를 펼쳐 적어보는 것도 좋다. 일 중독에서 벗어나기 위해 가장 먼저 해야 할 것은 자신의 일 중독이 시작되었던 상황에서의 자신을 떠올려 보는 것이다. 무슨 생각을 가졌는지, 무슨 상황이 자신을 일로 내몰았는지, 일과 그에 따른 보상에 대한 자신의 생각은 과연 어떠했는지를 살펴보는 일이 선행되어야 할 것이다. 또, 일 중독에 빠지게 되었던 과정을 살펴보는 것 또한 중요하다. 일과 휴식의 경계가 사라졌던 즈음, 어떤 불안이 자신을 일에 몰두하게 만들었는지, 그 생각은 구체적으로 무엇인지를 찾아보아야 한다.

모든 중독이 그렇듯이, 일 중독의 기저에는 어떤 고통이나 어려움을 회피하려는 의도가 숨어있는 경우가 많다. 이들에게 일은 경제적인 문제로 인한 불안(일을 그만두면 돈을 벌지 못하게 되고, 나는 파산할 거야.)이나, 직장 사회 내에서 도태될 것 같은 불안감(직업이 없는 나는, 완전 쓰레기야.) 등을 피하기 위한 유일한 수단으로 여겨진다. 또, 이런 내적인 불안을 스스로 알아채지도 못한 채 살아가는 경우도 너무나 많다.

또, 자신에게 질문을 던져보자. 내가 일을 하는 진정한 목적은 무엇인가? 돈, 명예, 성취, 보람 등 처음에 일을 시작하며 가졌던 목표를 떠올려보자. 아마도 최상단에는 '삶의 행복'이 위치하지 않을까? 일 중독은 행복을 위해 시작했던 일이 오히려 행복을 갉아먹게 만드는 본말전도의 상황이다. 초심을 지키지 못한 자책보다 이제껏 고생했던 자신을 돌아보며 '잘 했다' 다독이는 따뜻한 위로도 꼭 필요하다. 자신의 삶에서 가장 중요한 가치는 '눈앞에 쌓인 일을 끝내는 것' 이상으로 더 크지 않을까?

2. 작은 변화를 쌓아가자.

① 일을 멈추고 휴식으로 전환하는 연습이 필요하다 : 일 중독자들에게 휴식은 불편한 단어일 수 있다. 쉼이 없는 생활이지만, 작은 여유를 조금씩 확보해야 한다. 쉬지 못하는 이들에게는 쉬는 것도 연습이 필요하다. 또, 일과 휴식을 명확하게 경계선을 긋는 것 또한 연습해야 한다. 눈앞의 일을 두고 휴식을 취할 것인가 고민이 된다면, 삶의 중요한 가치, 자신이 일하는 궁극적인 이유를 다시 한번 상기해보자. 나와 가족의 행복, 건강하고 여유로운 삶을 위해 잘 나아가고 있을까?

② 그럼에도 일이 너무나 걱정된다면? : 휴식 중에도 업무 염려를 놓을 수 없다면, 함께하는 가족이나 연인에게 30분에서 1시간가량의 일 처리 시간을 가질 것임을 이야기할 수 있다. 하지만 어디까지나 일시적으로, 반드시 필요할 경우에만 그렇게 해야 하며, 이에 대해서도 휴식

을 함께하는 이들과의 논의가 꼭 필요하다. 우리에겐 인내, 인내, 인내가 필요하다. 건강한 습관이 정착되길 기다리는 것이 지루하고, 일을 미루는 것이 불편하겠지만 새로운 뇌세포 간의 결합이 이뤄지는 데는 어느 정도의 시간이 필요하다.

③ 건강한 중독에 빠져 들어보기 : 일 중독은 심한 경우 건강과 삶, 행복을 해칠 수 있다. 중독 행위에 잘 빠지는 이들은 다른 중독에도 쉽게 빠지는 경향이 있는데, 이를 역이용할 수도 있다. 이를테면, 휴식과 운동을 함께 할 수 있는 요가, 명상, 등산 등과 같은 활동, 혹은 악기 배우기나 가구 제작 등과 같은 소일거리를 접해보는 것이다. 일에만 소모되었던 에너지를 좀 더 건강한 대상이나 활동에 돌릴 수 있다면, 삶이 더욱 풍성하고 여유로워질 수 있다. 또, 이는 삶에 다른 즐거움이 있음을 배워나가는 과정이기도 하다.

④ 삶을 긴 호흡으로 바라보자 : 당장 처리해야 할 일, 눈앞의 성과에 매달리는 자신의 삶에 있어 장기적인 장단점을 생각해보자. 눈앞의 일을 순차적으로 처리하여 불안을 없앨 수 있으나, 다들 경험했듯이 결국 일에 대한

과도한 몰입은 또 일을 부른다. 또, 불어나는 일을 처리하면서 자신의 삶의 반경은 점차 좁아지고 있다. 일에서 멀리 떨어져 삶을 관조하는 시간이 꼭 필요하다. 어떻게 보면 직업과 일은 우리 삶에서 지나치는 무수히 많은 정거장 중 하나일 수 있다. 우리 삶의 목적이 '일에 파묻힌 삶'은 결코 아니지 않은가. 우리의 삶을 긴 호흡으로 바라보는 연습도 꼭 필요하다.

출근 전 생기는 불안, 어떻게 극복해야 할까요

Q

저는 첫 직장에서 입사 한 달 차, 적응도 채 못 했을 때 갑자기 엄청난 양의 업무를 맡게 되었습니다. 그에 대한 스트레스로 출근 전 극심한 불안 증상이 생겨 너무 힘들었습니다. 심장이 조여오는 느낌, 원인을 알 수 없는 불안감, 두려움이 엄습했습니다. 그런데 신기한 게도 직장에 들어가서 일을 하면 이런 증상이 사라졌습니다. 정신과 진료도 받고 약도 먹었지만 그 증상이 완화되지 않고 더 심해지는 바람에 세 달도 못 채우고 그 직장을 그만두었습니다.

그 후 시간이 지나 이직을 했습니다. 이제 일한 지 며칠 안 되었는데, 첫 직장에서 일했던 그 불안감이 다시 살아났습니다. 증세는 덜하지만 두렵습니다. 근무 환경은 괜찮습니다. 직장 동료들도 다 좋은 분들이고요. 근데 이런 불안해하는 제가 싫습니다. 한편으로는 별거 아니라는 생각이 들면서도 이전처럼 굉장히 불안한 마음이 들 거 같아 무섭습니다. 첫 직장을 그만둘 때 부모님과 엄청 갈등이 있어서 여기를 그만두게 되면 부모님 뵐 면목도 없고, 어떻게 해야 할지 너무나도 무섭고 불안합니다.

A

첫 직장에서의 상황을 보면, 출근해서 일을 시작하기 전에 생기는 불안이 주된 증상이었던 것 같습니다. 하지만 직장이 바뀌어도 같은 증상이 계속되는 것은, 환경 탓만은 아닌 것 같습니다. 이 상황과 환경을 자신이 어떻게 해석하고 있는가를 살펴봐야 하겠네요. 아마 첫 직장에서 경험한 과도한 업무가 일종의 트라우마가 되었을지도 모릅니다. 트라우마는 또 같은 상황이 나타났을 때, 사건을 있는 그대로 보지 못하게 만듭니다. 즉, 왜곡된 생각들을 만들어내는 거죠. 이를테면 '또 같은 업무량이 몰아닥치면 나는 해내지 못할 것'이고, 혹은 '그 일을 해내지 못하면 무언가 큰일이 일어나게 될 것'이라는 생각이죠. 아직 일어나지 않은 일을 염려하고, 그 일이 일어난다면 자신에게 닥칠 끔찍한 상황을 상상하게 하여 큰 불안을 자극합니다.

상황이 불안을 만들어내는 것이라 생각하기 쉽지만, 최근 계셨던 직장에서는 별 무리가 없었던 걸 보면 꼭 상황과 불안이 인과관계를 가지고 있지는 않은 걸 알 수 있습니다. 상황에 대한 해석이 불안을 만들어내는 겁니다. 다만, 그 해석을 애써 찾으려 하지 않으면 인식할 수 없기에, 상황이 불안을 만드는 것처럼 느낄 뿐이지요.

그러니 질문자님께서 스스로 던져봐야 할 질문은 '내가

진짜 두려워하는 것이 무엇인가'입니다. 혹시 물에 빠져 본 경험이 있으신가요? 물이 얕든 깊든, 물의 바닥에 발이 닿지 않으면 공포감에 빠지기 마련입니다. 반대로, 내 키보다 깊은 수심이라도 정확한 깊이만 알고 있다면 그리 두렵지는 않아요. 출근 직전의 불안감에서 시선을 약간 돌려, 출근 이후에 어떤 상황이 펼쳐질 것이라 생각하고 있는지, 그 결과가 어떠할 것이라 생각하고 있는지 찾아보세요. 적은 글을 보면 비논리적이고 왜곡이 가득할 겁니다. 불안은 이런 왜곡된 해석에서 나옵니다. 그리고, 이러한 생각을 명료하게 정리해보면 자신이 정말 두려워하는 상황이 실제로는 일어나지 않거나, 일어나더라도 충분히 대처할 수 있다는 사실도 깨닫게 됩니다.

왜곡된 해석으로 인한 불안을 극복하는 방법은, 끊임없이 자신의 마음을 들여다보는 노력을 하는 수밖에 없습니다. 불안이 느껴지면 현 상황에 대해 내가 어떤 해석을 내리고 있는지, 그 말들에 왜곡된 부분은 없는지를 찾아보는 것이지요. 현실성에 기반을 둔 건강한 생각들을 옆에 적어보고, 이를 고민해 나가야 합니다. 자신의 롤 모델이 있다면, 과연 그 사람이라면 이 상황을 어떻게 해석할까를 상상해보는 것도 도움이 됩니다.

자신에게 던져야 할 두 번째 질문은 '과연 내가 상황을 회피하고 있는 것은 아닌가' 하는 것입니다. 첫 직장에서 막상 출근해서 일을 하면 그 불안이 가라앉는다고 하셨지요. 맞아요. 상황에 맞지 않는 과도한 불안은 시간이 흐르면 결국 사라집니다. 그리고, 막상 걱정하는 상황에 부딪히면 생각보다 견딜만한 상황인 경우가 대부분입니다. 하지만 불안 때문에 직장을 그만두거나, 다른 곳으로 옮기는 일은 자신도 모르게 실체를 모르는 불안이 더 무서울 것이라는 추측만 키울 뿐이지요. 불안이 있어도 해볼 만하다, 견딜만하다는 느낌을 받을 수 있는 기회조차 생기지 않게 됩니다. 이렇게 직장을 옮기거나, 상황을 회피하는 것이 결코 답이 아닙니다.

자신의 마음을 들여다보며 상황에 부딪쳐 나가고, 생각보다 내가 견딜 수 있는 힘이 있다는 사실을 스스로 끊임없이 확신시키는 과정이 꼭 필요합니다.

과한 걱정이 삶을 짓누른다면

.

삶을 짓누르는 과한 걱정, 어떻게 다루어야 할까

얼마 남지 않은 각종 세금 고지서, 내일까지 해결해야 하는 밀린 업무들, 엊그제 다투고 나서 토라진 연인을 달래는 일, 몸이 안 좋다고 했던 부모님은 좀 나아지셨는지에 대한 염려 등 우리 인간의 삶의 여정에는 온갖 걱정이 덕지덕지 묻어 있다. 살아가다 보면 염려해야 할 일들이 참 많다.

염려는 염려로만 끝나지 않는다. 염려와 걱정이 과해지면 각종 신체적 긴장, 통증이 유발되거나 가슴 두근거림, 가슴에 무엇인가 얹힌 것처럼 답답하게 느껴지는 신체적 불편감이 나타나기도 한다. 어떤 경우엔 과한 염려가 마음의 병으로 이어지기도 한다.

인간의 삶에서 염려와 걱정은 쉽게 없어지지 않는 존재다. 아니, 어쩌면 일상에서 늘 만나게 되는 공기와 같은 존재일지도 모른다. 그러니 우리는 운 좋게 걱정거리가 사라져버릴 때까지 기다리는 대신, 염려와 걱정을 어떻게 받아들이고 다루어야 할지 배워야 할 필요가 있다.

걱정, 피하기보다 받아들이기

아직 일어나지 않은 일에 대한 염려는 사실 인간의 본능이다. 갓 태어난 신생아는 환경이 조금만 바뀌어도 울음으로 두려움을 표현한다. 불안이라는 감정은 태초부터 인간의 마음 깊은 곳에 이미 새겨져 있는 것이다. 떨치려 해도 쉽게 없어지지 않는 이유는 이 때문이다. 염려와 걱정을 없애는 가장 좋은 방법은 걱정하던 일이 깨끗하게 해결되는 것일 테다. 하지만, 삶은 우리 생각보다 녹록지 않다. 염려하던 상황이 실제로 닥치거나, 혹은 더 나쁜 상황으로 변하기도 한다. 우리 인간은 이러한 걱정과 염려의 원흉을 없애려 부단히 애쓰지만, 사실 내 마음처럼 쉽게 해결될 수 있는 일이었다면 애초부터 걱정하지도 않았을 것이다.

걱정의 특징은 하면 할수록 그 부피가 커져 나를 짓누르게 된다는 것이다. 우리가 맞닥뜨린 염려를 '일차성 염려'라 한다면, 우리가 염려를 거듭할수록 또 다른 '이차성 염려'를 낳는 경우도 많다. 예를 들어, 업무에서 사소한 실수를 한 김 대리가 '이 일을 어떻게 해결해야 하나, 어떡하지'라는 염려에서, 염려를 거듭할수록 '이 일을 해결하지 못하면 나는 회사에서 평판이 엉망이 될 거야.'라는 생각으로, 다시 '해결하지 못해 평판이 나빠지면, 결국 그만두게 되고, 나는 잉여 백수가 되어서 지내야 할 거야.'와 같은 더 크고 왜곡된 생각으로 옮겨가게 되는 것이다. 마음의 고통은 더 심해지기만 한다. 인간의 사고 과정에서 흔히 일어나는 인지 왜곡 중 재앙화(catastrophizing)가 바로 이것인데, 작은 걱정이 꼬리를 물고 점차 그 정도를 더해간다는 말이다. 과도한 염려에서 비롯된 재앙화는 삶에 많은 불편함을 낳게 된다. 걱정과 염려가 자신을 고통스럽게 한다면, 자신의 생각에 재앙화가 숨어있진 않은 지 살펴보아야 한다.

결국 우리가 가져야 할 가장 중요한 마음가짐은, '그럴 수 있겠구나' 하고 받아들이는 태도다. 우리 인생은 불확실성의 연속이기 때문이다. 불확실한 것에 대해 염려와 걱정을 하며 에너지를 쏟는 것보다 애초에 불확실한 것들이 일어날 수 있음을, 그리고 그 문제가 내 뜻대로 흘러가지 않을 수도 있음

을 인정하는 태도가 만성적인 걱정과 염려의 영향을 줄일 수
있다.

우리가 불편한 손님을 맞이한다 생각해 보자. 문 앞에서
초인종을 누르는 손님이 썩 편하지 않다 해서 설득하거나 윽
박질러 쫓아내려 한다면, 우리 마음은 그리 편하지 않을 것이
다. 집을 찾아온 손님이 우리 마음처럼 쉽게 나가주지 않
을 수도 있고 말이다. 또, 그 손님이 언제 우리 집에서 나갈
것인지 노심초사하며 그의 일거수일투족을 다 감시하는 것
도 참 피곤한 일일 것이다.

일상의 사소한 염려에 대해 '손님맞이'를 해보자. 어차피
맞아들여야 할 사람이라면, 그저 큰 사고만 치지 않도록 적
당한 선에서 지켜보면 된다. 말 그대로 잠깐 왔다가는 손님
일 뿐이니. 언제까지고 머무르지는 않을 것이다. 멀찍이 떨
어져 가끔만 눈길을 주다 보면, 때가 되어 집을 나가는 손님
을 발견하게 될지도 모른다. 우리를 스쳐 간 많은 고민 중,
오랫동안 우리 곁에 머무르며 괴롭히는 고민은 손에 꼽힐 정
도다. 또, 발버둥 친다고 금세 사라지는 고민 역시 마찬가지

일 것이다. 우리가 지금 이 상황에서 할 수 있는 것들에 집중하며, 우리를 스쳐 가는 고민들을 가만히 관찰하게 된다면 많은 걱정거리가 잠시 왔다 가는 '불편한 손님', 그 이상도 그 이하도 아니라는 것을 발견하게 될 것이다.

걱정에 빠진 자신을 거리를 두고 바라보기

염려의 파도에 휩쓸리지 않기 위해서는, 자신을 멀리서 바라볼 수 있어야 한다. 염려에 빠진 자신을 객관화할 수 있다면 지금의 걱정거리가 그리 압도적이지 않음을, 그리고 평소처럼 흘러가 버릴 것임을 깨닫게 되므로. 염려에 빠진 자신의 복잡한 머릿속을 객관적으로 바라볼 수 있는 능력을 메타인지(metacognition)라고 한다.

눈앞의 걱정이 피할 수 없이 압도적이라 여겨진다면, 도저히 걱정의 산을 넘지 못하고 주저앉아 버리고 싶은 느낌이 든다면 자신을 둘러싼 경관을 상상해보는 것도 좋다. 여행에 관한 TV 프로그램을 보면 카메라가 갑자기 출연자의 머리 위로 훌쩍 넘어가며, 주변의 멋진 자연경관을 비춘다. 금세 출연자는 까마득한 점이 되어버린다. 우리는 잠시나마 복잡하고 답답한 세상 이야기들을 잊고 자연의 아름다움에 몰두

한다. 마치 드론으로 찍은 장면처럼, 영원히 나를 괴롭힐 것만 같은 고통도 위로 점점 올라가 내가 사는 이 공간 전체의 관점에서 본다면 아주 작은 점에 불과하게 된다. 우리의 인생, 우리의 전체 삶에 묻어 있는 작은 티끌일 뿐인 것이다.

걱정을 무작정 작게 축소해 생각하라는 이야기는 아니다. 다만, 우리는 걱정거리를 조금 더 과장되게 받아들여 많은 위기에서 살아남은 '겁쟁이 원시인'의 후손들이라는 사실을 잊지 말아야 한다는 것이다. 눈앞의 걱정거리를 조금은 현실적으로, 그리고 전체적인 관점에서 바라본다면 삶을 짓누르는 걱정에도 쉽게 무너지지 않을 힘을 얻게 되지 않을까.

스트레스 관리하기

스트레스는 모두 없애야 하는 것인가

현대인의 삶에서 빠지지 않는 키워드가 바로 '스트레스'다. 바쁘고 복잡한 삶에서 스트레스를 어떻게 관리할 것인가가 몸과 마음의 건강과 직결되어있기 때문이다. 사회와 기술의 눈부신 발전과 더불어 복잡 다양해지는 삶의 터전에서, 사람들이 겪는 스트레스의 총량은 상상을 초월할 만큼 클 것이다. 일반적인 시각에서 보는 스트레스란 두렵고, 무섭고, 걱정되는 지극히 부정적인 이미지의 정신적 스트레스일 것이다. 스트레스는 인간에게 있어 삶을 방해하는 장애물로 여기는 경우도 많다.

그러나 넓은 의미에서 스트레스란, 개체에 가해지는 모

든 자극을 뜻한다. 여기에는 부정적인 스트레스뿐만 아니라 긍정적인 스트레스 또한 포함된다. 업무, 상사로 인한 극심한 고통도 스트레스지만, 로또 1등이 당첨되는 순간의 짜릿함도 스트레스가 될 수 있다. 예민한 이들은 기쁘고 놀라운 감정으로 인해 불안반응을 겪기도 한다. 어느 쪽이든 개체에 자극이 된다는 말은, 바꾸어 말하면 긍정적인 자극일 수도, 부정적인 자극일 수도 있다는 말과 같다.

그래서 스트레스는 무작정 없애거나 회피하는 것이 아닌 적절한 관리가 필요하다. 즉 스트레스의 본질을 잘 알고, 본인이 스트레스에 어떻게 반응하는지를 잘 인지하며, 자신에게 맞는 스트레스 관리를 익혀야 한다. 적절한 자극은 삶에서 중요한 활력을 만들어낼 수 있지만, 과도한 자극은 활력을 앗아갈 수 있다. 그 균형을 어떻게 잘 유지할 수 있을까?

스트레스, 내 몸이 어떻게 반응하고 있을까

스트레스를 잘 관리하기 위해서는 자신이 스트레스에 어떻게 반응하고 있는지 잘 알아야 한다. 스트레스는 우리의 신체와 정신에 여러 반응을 일으킨다. 그중 우리가 가장 먼저 인식할 수 있는 스트레스의 영향이 바로 신체 반응이다. 스트레스는 인체 내에서 스트레스 호르몬을 발생케 하며, 우리 몸의 자율신경계 중 교감신경의 활성화를 유발해 다음과 같은 부위의 갖가지 신체 증상들을 만들어 낸다. 아마 정도의 차이는 있겠지만, 과한 업무가 밀어닥치거나 급박한 상황이 되었을 때 아래와 같은 증상은 다 겪어봤을 것이다.

1. 심장이 뛰고, 가슴이 답답해지고, 입이 바짝바짝 마른다.
2. 온몸이 경직되고, 식은땀이 난다.
3. 중요한 일을 앞두고 어김없이 배가 아프다.
4. 아까 먹었던 음식이 전혀 소화되지 않고 속이 더부룩 해지기 시작한다.
5. 손발 끝이 찌릿찌릿한 느낌이 들고, 몸이 떨리기도 한다.

극심한 스트레스 상황에서 우리 몸은 액셀러레이터를 깊이 밟고 질주하는 자동차와 같다. 가열된 엔진이 연료를 태우며 에너지를 분출한다. 심장 박동이 커지고, 식은땀이 흐른다. 두통이 생기고, 소화가 잘 안 되기 시작한다. 우리에게 이러한 신체 감각이 나타났다면, 스트레스가 우리를 덮치고 있다는 신호로 받아들이자. 스트레스를 잘 관리하려면 스트레스가 출현했다는 신호를 잘 포착할 수 있어야 한다.

다행인 것은, 우리 몸에 질주를 멈추게 하는 브레이크도 존재한다는 사실이다. 스트레스가 계속되지 않는 한, 시간이 지나면서 서서히 교감신경의 반대급부로 부교감신경이 활성화된다. 흥분, 긴장, 불안 등의 현상을 가라앉힌다. 이러한 스트레스 반응은 지극히 정상적인 반응이다. 언덕이 있으면 골짜기가 존재하듯, 몸은 신체 반응의 증감을 잘 조절하여 평형을 유지할 수 있도록 한다. 이 부분에 대해서는 그리 염려할 부분은 아니다.

우리가 주의를 기울여야 할 부분은 만성적인 스트레스다. 일회성이 아닌, 우리 삶에 끈질기게 달라붙어 사라지지 않는 문제들일 것이다. 지속적인 스트레스로 인해 액셀러레이터와 브레이크의 균형이 무너지게 된다면 어떻게 될까? 한 번 불붙은 교감신경이 꺼지지 않고 계속 타오른다면 어떻게 될 것인가? 많은 정신과적 증상과 질환이 생겨나는 지점이 바로 이 부분이다.

스트레스 관리의 3단계

그렇다면, 과연 스트레스 관리는 어떻게 하면 좋을까. 무턱대고 스마트폰을 끄고, 도심을 떠나 휴식을 취하면 될까? 얼굴도 마주치기 싫은 상사가 있는 회사를 그만두면 될까? 모든 스트레스에서 도피할 방법은 존재하지 않는다. 상당히 발달한 뇌와 감각기관을 가진 인간은 태초부터 자신을 둘러싼 자극에 반응하게 되어 있다. 피할 수 없다면 스트레스를 마주하여 '스마트하게' 다루려는 연습이 필요하다.

스트레스가 자신에게 영향을 미치는 단계를 잘 살펴보자. 스트레스를 유발하는 환경에서 인체가 스트레스를 받아들이게 되고, 받아들인 스트레스에 반응하게 된다. 이를 길을 가는 자동차에 비유를 해 본다면,

1. 스트레스를 받는 환경은 자동차가 지나가는 길이다.
2. 받아들이는 개체는 자동차 본체의 상태이다.
3. 스트레스에 대한 대처는 적절한 운전 기술이다.

자동차가 먼 길을 편안하고 안전하게 가려면 목적지로 가는 경로의 적절한 선택, 자동차의 취약한 부분에 대한 점검, 운전 기술 등의 요소를 잘 조화시켜야 하는 것처럼, 스트레스에 대처하는 데 있어 자신에게 어떤 부분에 문제가 있는지를 잘 분석해서 부족한 부분을 강화할 수 있어야 한다. 다음의 스트레스 관리 3단계를 염두에 두고, 자신에게는 어느 부분에 대한 조절이 필요할지에 대해 고민해보자.

① 원인이 되는 환경을 조절하기 : 자신의 생활을 잘 계획하며 해로운 환경들을 인식하고 관리하며, 해가 되는 대인 관계의 관리를 통해 스트레스의 원천이 되는 환경을 잘 조절해야 한다. 자신에게 만성적인 스트레스를 주는 환경 요인이 있다면 과감하게 이를 벗어나는 시도가 필요하다.

② 자극을 받아들이는 '나'에 대한 관리 : 규칙적인 생활 습관의 개발, 대인관계 잘 맺기, 유연한 수용의 자세 가지기를 통해 스트레스를 받아들이는 '나' 스스로에 대한 관리가 필요하다. 모든 사람에게 스트레스 상황이 고통스러운 것은 아니다. 자신이 스트레스에 과도하게 반응하지는 않았는지, 스트레스에 어떤 의미를 부여했는지에 대한 고민이 필요하다. 스트레스를 해소할 수 있는 취미나 건강한 해소 수단을 평상시에 잘 길러놓는 것 또한 좋은 방법이 될 것이다. 자신에게 잘 맞는 해소 수단은 개인차가 큰 법이다.

③ 대처 기술 익히기 : 스트레스에 대한 자신의 대처 방법을 자각하고 스트레스와 생각-감정-행동의 상호 작용을 인식하며, 이와 관련하여 건강한 대처 방법을 찾고, 이를 반복적으로 연습하여 익힐 필요가 있다. 자신에게 문제가 생겼다면, 다음과 같은 문제 해결 기술을 사용해 보자.

• 문제해결기술 (Problem solving)

어떤 문제를 만나게 될 때, 머리로 떠올릴 수 있는 대안은 분명 한계가 있다. 아마 당장 떠오르는 한두 개 정도가 한계이며, 그 효용성도 제대로 알 수 없어 결국 감으로 선택해 낭패를 보곤 한다. 따라서 좋은 방법은 그것을 가시화하는 것이다. 직접 펜을 잡고 현재 마주한 문제에 대해 가능한 한 많은 차선책을 나열하여 그에 따른 장단점을 분석할 필요가 있다. 거창한 분석이 아니라 점수로 매겨도 좋고, 별점을 주어도 좋다. 중요한 것은 머리로 생각만 하지 말고 손으로 기록하는 것이다. 장단점과 매겨본 점수를 직접 비교하여 가장 적절한 방법을 선택한 후 실행에 옮긴다.

실행 후 잊지 말아야 할 것은, 실행에 옮기는 자신을 칭찬하라는 것이다. 이 전까지 하지 못했던 일을 해내는 자신에게 자책과 비난은 금물이다. 스트레스를 관리하는 기술을 익히기가 결코 쉽지만은 않다. 사람은 어디까지나 자기의 관성대로 살아가기 마련이니까. 자신이 어떤 부분 때문에 스트레스를 받고 있는지, 내가 스트레스를 어떻게 받아들이고 있는지, 내가 대처하는 방식이 어떠한 영향을 미치는지에 대해 심사숙고해야 한다.

작심삼일의 자책에서 벗어나려면

———

연말과 연초가 되면 판매량이 증가하는 물품이 있다. 바로 '다이어리'다. 대형 서점가 중앙에는 수백 가지의 다이어리를 진열한 판매대가 놓이고, 사람들은 연말 분위기에 들떠 너도 나도 다이어리를 펼쳐본다. 그렇게 다이어리를 산 첫날은 왠지 모르게 뿌듯하다. 고심해 고른 다이어리의 첫 페이지를 넘기면 대개 '올해의 목표'가 자리한다. 사람들은 여기에 올해 갖고 싶은 것, 얻고 싶은 성취, 도달하고 싶은 체중, 합격하고 싶은 시험 등을 기록하곤, 마치 이미 이룬 것인 양 마음이 뿌듯해진다. 천릿길도 한 걸음부터라는데, 시작이 반이라는데, 이미 그 한 걸음을 힘차게 내디딘 것 같아 자신이 대견하기까지 하다.

하지만 희망찬 시간은 오래가지 않는다. 뿌듯한 마음은 어쩌면 그리도 빠르게 빛이 바래는지. 약 72시간, 그러니까 3일 정도만 지나면(물론 과학적 통계는 없다.) 자신이 세운 목표가 부담스러워지기 시작한다. 거창한 목표를 세운 탓이기도 하지만, 12월 31일에서 1월 1일로 넘어간다 해서 딱히 자신에게 큰 변화가 일어나지는 않았기 때문이다. 산술적으로 달력의 숫자가 늘어난 것일 뿐, 우리의 몸과 마음이 한 계단을 올라간 것은 아니다. 어쨌든, 그렇게 우리에게 작심삼일이 찾아온다.

작심삼일(作心三日)

마음을 정하고도 사흘이 채 가지 못한다는 말이다. 거창하게 세운 목표는 우리에게 부담이 되고, 짐이 되며, 삶의 방향성을 잃게 만든다. 우리는 어떻게 하면 작심삼일의 자책에서 벗어날 수 있을까?

거창한 목표는 '현실적으로' 쪼개어 보기

작심삼일의 가장 큰 이유 중 하나는 애초에 설정한 목표

자체의 문제일 수 있다. 자신의 능력 이상으로 목표를 세우
거나, 너무 많은 시간과 인내를 요하는 목표는 다이어리 한
귀퉁이에 써 놓았을 때 잠깐 기쁠 뿐이지 않나. 그럴 때 우리
는 목표를 쪼개어보는 습관이 필요하다. 큰 덩어리는 작은
덩어리로 나누어보는 거다.

건강이 가장 큰 이슈라면 더 작은 덩어리는 마음 건강,
신체 건강, 규칙적 생활 습관 등 다양하다. 목표를 쪼개는 데
또 한 가지 중요한 건 '현실성'이 가미되어야 한다는 것이다.
덩어리를 쪼개고 나누어서 자신의 손에 잡힐만한 크기가 되
었다면, 그 구체적인 실천의 방법과 시기를 꼬리표로 붙여보
자.

'열심히 살기'라는 거창한 목표는 '기상 시간 1시간 당기
기', '주말에 헬스클럽 등록하기' 등 그 하위에 있는 보다 작
은, 현실적인 목표들로 쪼갤 수 있다. '영어 실력 늘리기'라는
목표보다는 '이번 달 내로 주말 영어회화반 등록하기'라는
구체적인 시간과 지침이 들어간 목표가 더 현실적이다. 자신
이 마음먹은 목표를 적어놓고 가만히 살펴보자. 그리고 쪼갤
수 있다면 가능한 한 당장 실천 가능한 방안들로 나누어보
자.

작은 목표들을 하나씩 실천해 나가는 건 성취감을 불러일으킬 수 있어 중요하다. 또 삶에 활력이 되기도 한다. 아주 사소한 것들에서 성취감을 쌓아간다면, 그 상위에 있는 목표를 세우고, 앞으로 나아가는 데 큰 동기부여가 된다. 그리 부담스럽지 않으면서 즐거움과 성취감을 줄 수 있는 활동들을 해 나가며 점차 삶의 활력을 찾게 되는 것이다.

'목표 달성'에 매몰되지 않도록

목표를 설정하는 행위는 우리에게 중요한 의미를 지닌다. 인류가 다른 포유류와 생물학적으로 다른 부분은 뇌에서 미래를 설계하고, 계획하고, 실행에 옮길 수 있게 하는 전두엽이 특히 발달해 있다는 점이다. 인류는 이러한 능력을 바탕으로 진화해왔고, 거대한 문명사회를 이룩했다 해도 과언이 아니다.

하지만 때론 이 능력이 짐이 되기도 한다. 우리가 정한 목표에 대해 실패, 성취라는 이분법적인 흑백논리가 작동할 때다. 애초에 세운 목표를 달성하지 못하면 자책과 후회가 밀려오기도 한다. 거창한 목표도 문제이지만, 목표 자체를 다르게 받아들일 필요도 있지 않을까. 우리는 목표를 통해 방향을 설정한다. 우리는 눈앞에 보이는 수많은 목표의 산을 다 오르지는 못한다. 우리가 오를 수 있는 산을 정하고, 우리는 그 방향으로 부지런히 발걸음을 옮길 뿐이다.

등반가들을 생각해보자. 산을 오르는 길은 험난하다. 생각보다 산이 높거나, 가파를지도 모른다. 산을 오르는 도중 눈보라가 휘몰아쳐 발걸음을 잠시 멈추어야 할지도 모를 일이다. 생각보다 산이 높다면, 무리한 시도를 하기보다 깨끗하게 인정하고 내려오는 용단도 필요하다. 그러나 산을 정복하기 위해 충분히 노력을 기울이고, 고민하고, 시도하는 것 자체가 아름다운 과정일 테다. 정상에서 깃발을 꽂은 사진이 멋져 보이지만, 그렇지 못한다고 한들 절망이나 처참한 실패로 받아들이지는 않는다.

인생을 길게 보면 사실 '눈앞의 목표를 정복하는 것'이 진짜 목표는 아닐지도 모른다. 삶에서 마주한 일들을 고민하고, 살펴보고, 또 부대끼며 나아가는 과정 자체가 의미 있는 것이다. 애초에 목표한 것을 해내지 못하면 또 어떤가. 우리는 목표를 향해 단 한 걸음이라도 발걸음을 뗀 것만으로 더 앞으로 나아간 셈이다. 방향을 잡고, 앞으로 나아가고 있다는 사실 자체에 관심을 기울여보자. 그리고 그런 자신을 좀 더 대견하게 바라보자.

차라리 목표를 잡지 않는 것도 목표의 하나가 될 수도 있다. 목표를 무엇을 해내는 것, 무엇을 성취하는 것으로 정하기보다 삶의 매 순간에 작은 행복을 느끼기로 해보는 건 어떨까. 멀리 보이는 먼 산만 바라보며 걷다 보면 지금, 이 순간에 자신을 둘러싼 아름다운 자연의 경관, 새들의 지저귐을 즐기지 못한다. 그리 길지 않은 삶의 여정에서, 먼 곳에 있는 목표만을 바라보며 걷는 일은 행복과는 다소 거리가 먼 것이 아닐까.

다이어트 강박과 폭식증, 이제 벗어나고 싶어요

Q

다이어트를 시작한지 3개월째입니다. 처음에는 식단과 운동을 건강하게 잘 이어가서 체중 감량하는데 어려움이 없다가 이번 달 내내 폭식증으로 인해 너무 힘이 듭니다. 작년에 두 달만에 많은 체중을 감량한 이후로 폭식증이 생겼어요. 특히 군것질들을 도저히 참을 수가 없습니다. 밤만 되면 스트레스를 받았다는 이유로, 외롭다는 이유로 계속해서 음식을 찾게 됩니다. 배가 고파서, 맛이 있어서 먹는 게 아니고 그냥 음식을 욱여넣습니다. 하지만 먹고 나면 소화가 되지도 않고, 이번에도 또 실패구나라는 생각에 입에 손가락을 넣어서 억지로 구토하려 합니다. 토하고 나선 그런 제 모습이 너무 한심해서 울며 잠이 들어요.

살이 조금 빠지면 사람들의 칭찬을 들어야만 스스로 자존감이 높아지고 '내가 정말 예쁜 사람이구나.' 하고 인정이 되더라구요. 그러다보니 제 있는 모습 그대로를 사랑하기보다 거울 속에 살이 더 붙진 않았는지 신경쓰고, 체중계에 올라서 300g이라도 늘면 우울감에 빠지고요. 다이어트를 하는 것도 나를 위한 일이라기 보다는 다른 사람들의 시선 때문이고, 그 시선들로부터 자유로울 수가 없어요. 어떻게 하면 좋을까요?

A

폭식, 과체중에 대한 공포, 그리고 이어지는 구토 후 다시 이어지는 폭식…. 식이 습관의 문제는 다람쥐가 쳇바퀴를 굴리듯 같은 상황이 반복되고, 거기서 벗어나려 할수록 빠져드는 늪과 같아요.

체중은 젊은 여성들에게는 특히나 민감한 문제이지요. 다른 이들에게 어떻게 평가 받는지가 매우 중요한 나이이기도 하고요. 아마 추측건대 작년의 2개월간 감량 했던 다이어트는 심한 절식으로 인한 무리한 다이어트였을 것 같아요. 금세 요요가 따라올 수밖에 없고요. 무리한 절식과 체중 감량은 체내 영양소와 수분 밸런스를 망가뜨립니다. 몸이 건강하지 않으면 마음도 제 기능을 못 하고 혼란에 빠져요. 예민한 기분, 감정 기복 등이 이어지다 이내 와르르, 무너집니다. 불면, 우울증 등이 생기거나 반대급부로 폭식과 같은 충동적인 행동을 하게 될 수도 있어요. 작년에 다이어트 직후에 느꼈던 외모의 변화, 타인의 시선 변화가 그릇된 다이어트 습관을 부추긴 것 같네요.

폭식에 대해서 좀 더 생각해 볼까요. 겉으로 보이는 체중의 증감과 외모의 변화가 중요하다 여기시겠지만, 실은 그것보다 더욱 중요한 것은 폭식하게 만드는 내면의 '그 무엇'이지요. 그리고, 긍정적인 변화를 위해선 그 부분에 주목해야 합니다.

무엇이 반복적인 폭식과 제거 행동을 부를까요? 이미 이야기 해주셨듯이 폭식의 원인을 외로움, 심리적 스트레스 등때문일 겁니다. 정확히 알 수는 없지만, 내면의 부정적 정서들이 '폭식 유발자'로 보이네요. 우울, 불안, 외로움 같은 것들이 채워지지 않는 '정서적 허기'를 자극하고, 이로 인해 폭식이 나타나는 패턴입니다. 이 대목에선 내면에 우울증이 숨어있지는 않을까 염려되기도 하네요.

현재 이런 문제들이 대인관계를 비롯한 일상생활에 깊은 영향을 끼치고 있는 것처럼 보입니다. 이 부분에 대해서더 발견하지 못한 문제가 있는지 전문적인 평가가 꼭 필요합니다. 폭식증, 거식증과 같은 식이 패턴이 한 번 자리 잡히면벗어나기가 쉽지 않습니다. 오히려 그 그림자는 시간이 갈수록 더욱 커져요. 또 식이장애를 가진 반수 이상에서 우울증과 같은 정신과 질환을 동반한다 알려져 있는 만큼, 빠른 결단이 필요합니다. 전문적인 치료와 더불어, 규칙적이고 균형잡힌 식습관과 안정적인 생활 리듬을 유지하기 위한 노력이꼭 필요해요. 먹는 행위는 기분 변화와 직접적으로 연관되어있거든요.

또 한 가지, 타인의 시선에 자유롭지 못하다고 하셨어요.세상에서 가장 중요한 사람이 자신이어야 하고, 모든 결정의 기준은 자신의 마음에 있어야 하는데 그렇지 못한 거죠. 참 안타깝습니다. 정신의학에서는 식이장애를 가진 이들이 '자기 상이 훼손되어 있다'고 이야기합니다. 자신보다 사회적 기준, 타인의 시선이 건강을 해쳐가며 체중을 조절해야 하는 중요한 삶의 목표가 되는 거죠. 이 지점에 '나'에 대한 존중은 없어요.

이 부분은 뿌리가 깊은 자존감의 문제와 맞닿아 있습니다. 좀 과장하자면, 강남역 한복판에서 넝마주이를 걸치고 다녀도 자신만 당당하면 괜찮습니다. 반면에, 화려한 외양이라도 자존감이 낮다면 속 빈 강정처럼 공허함, 좌절만 느끼게 되죠. 자존감은 성장 과정에서 만난 부모를 비롯한 중요한 인물들, 인상적인 사건들을 경험하며 마음안에서 조금씩 자랍니다. 현재 타인의 시선에 과도하게 집착하는 행동이 최근 생긴 문제들을 해결한다고 쉽게 사라지지는 않을 수 있다는 말이겠죠. 낮은 자존감의 뿌리를 되짚어가며, 조금씩 자신을 이해하고 공감해 나가는 과정이 꼭 필요합니다. 내 마음속에 있는 '취약한 아이'를 껴안아 줄 수 있어야, 자신에 대한 사랑도 자라날 수 있으니까요. 결국 자기애를 조금씩 키워가는 것이 현재 문제를 극복하는 데 있어 가장 중요한 방향일 것 같아요.

마음의 평정을 위한 3분 명상

마음 챙김(mindfulness) 명상이란 무엇인가

현대의학의 발전과 함께, 정신질환의 원인과 치료에 대한 연구가 많이 이루어졌다. 정신과 약물의 명확한 원리가 밝혀지고, 효과적이면서도 부작용이 적은 약물을 사용할 수 있게 되었다. 하지만, 안타깝게도 약물치료만으로 증상이 완전히 사라지는 것은 여전히 어렵다. 항우울제를 이용한 우울증의 치료에도, 3분의 1 정도는 결국 잔여 우울 증상으로 고통받게 된다고 한다. 결국, 정신과 질환을 극복하는 데는 약물치료 외에도 비약물적 치료가 필요하다. 이를 보완할 수 있는 방법 중 하나로 각광받고 있는 치료적 접근이 바로 마음 챙김 명상(mindfulness meditation)이다.

마음 챙김 명상에서는, 의도적으로 자신의 마음에 주의를 기울이는 방법을 훈련한다. 명상을 비롯한 여러 방법들로 자신의 감각과 생각, 감정을 자각하고, 이를 통해 생각-욕구에 집중되어 있던 주의가 신체 감각들로 분산되고, 생각-욕구가 줄거나 사라지는 상태를 추구한다. 특정한 어떤 것에 집착하거나, 과거-미래에 마음이 묶여 현재의 삶을 온전히 살기 힘들다면, 지금 이 순간의 행복을 그대로 느낄 수 있도록 도울 수도 있다.

하지만, 모든 명상 수련이 그러하듯이 마음 챙김 명상을 수련할 때 적지 않은 시간이 걸린다. 또한, 수련을 통한 성과가 실생활에서 나타나기 위해서 부단한 노력이 필요하다. 새로운 것을 익히는 데는 시행착오를 겪기 마련이다. 마음 챙김의 자세를 습득하기 위해 많은 시간과 노력이 필요하지만, 지금은 즉각적인 효과를 볼 수 있는 명상의 기법을 하나 소개하려 한다. 면접이나 발표를 앞두고 있거나, 마음이 심란하여 집중이 안 될 때 사용할 수 있는 마음 챙김의 한 기법이다.

3분 명상 (3-minute breathing space, TMBS)

조용한 곳에 차분하게 앉는다. 굳이 가부좌를 하고 앉을 필요는 없고 집중할 수 있는 편안한 곳이면 된다. 마음이 흐트러지지 않을 수만 있다면, 소음이 다소 있는 곳이라도 상관은 없다.

1. 외부 자극에 집중하기

처음 1분은 외부의 자극들에 집중한다. 창밖의 경적 소리, 창을 때리는 바람 소리, 문밖에서 누군가가 이야기하는 소리 들을 '판단하지 않고' 감지하도록 한다. 판단하지 않는다는 말은 '좋다, 나쁘다'는 생각을 배제하고 있는 그대로 느끼라는 말이다. 집중의 포커스를 잘 유지하되, 다른 생각이나 느낌에 사로잡혀 이 순간에 집중하지 못하더라도, 흐트러짐이 인식되는 순간 다시 이 순간에 돌아와 초점을 유지하도록 하는 것이 핵심이다.

2. 내부 감각에 집중하기

그다음 1분은, 자신의 내부 감각에 집중한다. 엉덩이가 바닥에 닿는 느낌, 어딘가 가려운 느낌, 목에 침이 넘어가는 느낌 등에 집중하되, 역시 '불쾌하다, 불편하다'라는 판단은 최대한 내려놓고, 그저 느낌을 자각하도록 하자. 내부 감각에 집중하는 와중에도 온갖 생각, 감각, 감정이 떠오를 것이다. 우리가 해야 할 것은 단지 마음에 떠오르는 것을 '알아차리고' 다시 부드럽게 내부 감각으로 주의를 옮기는 것이다.

3. 자신의 호흡에 집중하기

마지막 1분은, 자신의 호흡에만 집중한다. 호흡의 초점을 코에서 들어왔다 나가는 바람의 느낌, 혹은 들숨 시에 올라왔다가 날숨 시에 꺼지는 배의 감각에 집중하도록 한다. 요컨대, 3분 동안 자신을 '지금, 바로 이 순간'에 데려다 놓는 방법이다.

3분 명상은 인스턴트 식품과 같다

마음이 흐트러지는 순간, 온갖 생각들이 머리를 점령할 때 3분 명상을 통해 지금 이 순간으로 초점을 다시 조정하도록 하자. 마음이 잠잠해지고, 주의가 환기됨을 느낄 수 있을 것이다. 당장 처리해야 할 과제를 해 나갈 수 있을 것이다.

주의할 점은, 3분 명상은 이름 그대로 3분이면 적용 가능한 인스턴트 식품과 같다는 것이다. 인스턴트 식품이 주식이 될 수는 없듯이, 3분 명상을 통해 일시적인 집중력을 얻겠지만 생활 전반에 영향을 미칠 수는 없다. 마음 챙김은 치료 방법이기보다는, 삶의 태도를 변화시키는 접근이므로, 충분한 시간을 들여 조금씩 익혀나가야 할 것이다.

관계를 망가뜨리는 완벽주의

완벽주의자(perfectionist). 그들은 매사 완벽하기 위해 최선을 다하지만, 경직된 탓에 일의 효율성은 오히려 떨어진다. 또, 목표 달성에만 매몰된 나머지 많은 것들을 놓치곤 한다. 당연히 주변 사람들과의 관계 또한 좋을 리 없다. 그들은 타인과 자신에 대한 가치 기준이 굉장히 높다. 타인을 평가할 때 능력과 성과를 기준으로 삼고, 자신이 생각한 정도에 미치지 못한다면 '함량 미달'로만 여겨버리고 냉대한다. 이런 잣대는 가족, 연인, 가까운 친구 사이에도 예외는 아니다. 완벽주의는, 적어도 인간관계에서만큼은 최악의 방해 요인일 것이다.

이러한 성격 특성을 보이는 이들을 성격 장애인 '강박성 성격 장애'로 분류한다. 융통성이 없고, 절차와 규칙에 집착하며 자신이 감정표현을 하지도, 타인의 감정 표현을 용인하지도 않는 성격. 영화나 드라마에서 자주 등장하는, 반듯한 외모에 찔러도 피 한 방울 나오지 않을 것 같은, 조금은 재수 없고 냉담한 캐릭터를 떠올린다면 이해가 쉬울 것이다. 실패를 용인하지 않고 매사 완벽을 추구하는 성격 탓에 물질적 '성공'의 기준에서는 남들보다 한 발 더 앞서 있는 경우가 많지만, 자신은 물론 타인들의 실패와 실수를 허용하지 않아 주변에 사람이 모이지 못한다.

완벽주의, 그 뒤에 감춰진 나약함

사실, 완벽주의자들의 마음 깊은 곳에는 불안이 도사리고 있는 경우가 많다. 매사 삶에서의 실제적인 완벽함을 추구하는 일들의 기저에는 실패에 대한 두려움이 매우 크다. 그런 의미에서 완벽주의는 내적인 불안을 가리는 갑옷과 같은 존재인 것이다. 위압적이고 화려한 갑옷 안에는 몸을 웅크리고 두려움에 떨고 있는 어린아이가 있다. 인간의 성격은 오랫동안 많은 경험을 거치며 숙성된다. 우리의 무의식 안에는 성장기에 겪었던 불안, 두려움, 고통 등에 적절하게 대처하기 위해 일종의 방어기제가 형성된다. 해결되지 않은 내부의 문제들은 이러한 방어기제도 성격의 일부로 통합되어버리게 하는데, 어떤 이들은 이를 잘 처리하지 못하고 누가 봐도 매사 신경질적이고 위태로운 반응을 보인다. 또 다른 이들은 내적인 두려움에 대해 끊임없이 무시하고, 회피하는 식으로 대처한다. 강박성 성격 장애의 성격 특성을 보이는 이들은 내적 불안에 대해, 조금의 위험 요소도 허용하지 않을 정도의 완벽함을 추구하는 식의 방어기제를 가지고 있는 것이다.

인간관계를 가로막는 완벽주의

완벽주의자들이 보이는 냉담하고 경직된 모습은 일견 '재수 없어' 보이기 쉽다. 자신에게 하는 것처럼 타인에 대한 기준이 엄격하여, 약간의 실수도 용납하지 않기 때문이다. 타인을 대하는 그들의 머릿속에는 흑백논리가 작동하여 자신의 '기준'에 들어가지 못한다면 나약하고 뒤처진 존재로 여기기도 한다. 인간은 누구나 불완전하기에, 완벽주의자의 기준에 들어가는 길은 낙타가 바늘구멍을 통과하듯 좁을 수밖에 없다. 또, 그들에게 사사로운 감정은 사치일 뿐이기에 감정 또한 쉽게 드러내지 않는다. 결국, 완벽주의자들은 고립감을 느끼게 되고, 고립(isolation, 감정을 따로 떼어 놓는 듯 감정에 무뎌지는 방어기제)이 익숙해지는 것이다.

완벽주의자들의 상반된 내면도 인간관계를 가로막는 요인이 된다. 겉모습과 달리, 완벽주의자들의 내면은 결핍과 취약함으로 위태로운 상태다. 성장 과정에서 쌓아 올린 두려움, 이를테면 '나는 머저리야, 다른 사람들이 나를 이상하게 볼 거야, 결국 내가 모자란 사람인 걸 알게 될 거야.'와 같은 왜곡된 믿음은 외면적 완벽함을 추구하게 하게 하지만, 타인과의 관계를 회피하도록 만드는 결정적 원인이 되기도 한다. 내부에 오랫동안 쌓여온 타인과 다른 나, 타인보다 모자란 자신에 대한 자기상이 인간관계를 괴롭게 만들기 때문이다. 결국, 완벽주의의 내면과 외면 모두 인간관계에 독이 될 수밖에 없다.

다시, 새로운 관계를 열어가기 위해서

완벽주의자는 이미 속도를 높인 열차처럼 앞만 바라보고 직진하려는 관성을 가진다. 그들에게는 앞에 보이는 것들에 적절하게 대처하고, '완벽하게' 처리하는 것이 중요할 뿐 거쳐 간 정류장이 몇 개인지, 그곳의 풍경이 어떠했는지는 중요하지 않다. 적어도 외적으로, 업무나 기능적 측면에서는 완벽하기 때문에 자신을 바라보는 통찰이 생기기는 쉽지 않다. 또, 내부에 관심을 기울이는 순간 모래성 같은 자아가 허물어질 것 같은 느낌에 자신의 삶과 내면을 회피하려는 무의식적 방어기제가 작동하기 때문이다.

그러니 완벽주의자의 변화의 첫 출발점은 최근에 겪은 극심한 고통에서 시작하는 경우가 많다. 타인과의 관계에서 심하게 고립되거나, 업무에 과도한 에너지를 쏟은 나머지 번아웃(burn-out)되고 나서야 자신의 문제를 깨닫게 되는 것이다. 삶의 전환점이 우연히 찾아왔다면, 그때가 바로 차갑고 두터운 갑옷에 덮인 내면 깊은 곳의 '나'를 만나는 기회가 될 수 있다.

자신이 그토록 높은 기준을 가지고, 고립감을 애써 무시하고 살아왔던 이유는 무엇이었을까? 자신의 삶을 되돌아보자. 성장 과정에서의 결핍감, 두려움을 극복하기 위한 나름의 무의식적 노력은 아니었을까? 내면의 취약함을 애써 외적인 성취로 덮으려 했던 건 아닐까? 당신은 그리 나약하지 않다. 내면의 결핍감, 취약함, 두려움은 사실 성장 과정에서의 학습의 경험일 뿐이다. 어린 시절 학대를 당했던 아이들의 공통점은 정작 학대에 대한 분노가 학대자가 아닌 '자기 자신'을 향한다는 것이다. 완벽주의자의 두터운 갑옷을 만들게 한 성장 배경은, 사실 나약한 아이가 뭘 어찌해볼 수 없었던 경험들이었을 뿐이다. 자신의 삶을 곱씹고, 애써 외면했던 두려움을 마주하고 흘려보내며, 이를 애도하는 과정에서 내면이 더 단단해질 수 있다. 마음 깊은 곳에 웅크리고 있던 외로운 아이에게 손을 내밀어보자.

일상에서의 행동 변화들도 뒤따라야 한다. 매사 자신이 고삐를 틀어쥐고 통제하려 하고 있는가? 완벽주의가 삶을 뒤덮고 있다는 신호가 느껴진다면, 빨간 불이 들어온 것이다. '우선 멈춤' 하자. 그리고 자신의 업무와 관련된 이들에게도 권총 손잡이를 쥐여주자. 타인에 대한 높은 기준은 타인과 나누고, 함께 하는 일들이 익숙하지 않기 때문이기도 하다. 타인에게 칭찬하는 연습도 필요하다. 우리는 모두 'Good'과 'Bad' 사이의 스펙트럼 사이 어딘가 있지 않은가. 'Good'에만 칭찬하기보다 'Not Bad'에 격려와 칭찬을 건네보자. 타인에 대한 칭찬은 자신을 향한 엄격한 잣대도 무너트릴 수 있다. 그렇게 작은 균열이 모여 큰 변화로 이끌 수 있을 것이다.

'아싸' 어떻게 벗어날 수 있을까

고달픈 '아싸'의 삶

'아싸'라는 말을 들어 보았는가? 흥에 취해 지르는 추임새가 아니다. 집단에 잘 섞이거나 적응하지 못하고, 타인과의 교류가 거의 없다시피 하는 사람을 일컫는 말이다. 그러니까, 우리가 흔히 아웃사이더(outsider)라 부르던 이들을 줄여 부르는 단어이다. '인싸'는 '아싸'와 대척점에 있는 단어라 할 수 있다. 인사이더(insider)의 줄임말이며, 아싸와는 반대로 늘 타인들과 교류하며, 공동체 안에 속해있는 이들을 일컫는 말이다.

우리 주변에서 '아싸'는 쉽게 찾아볼 수 있다. 교실 구석에서 어딘가 존재감 없이 앉아 있었던 학교 친구, 회사에서 자주 마주치지만 인사는커녕, 눈을 내리깔고 어딘지 모르게 어색한 태도로 엉거주춤 자리를 피했던 회사 동료의 모습이 떠오를 것이다. 혹은, 지금 주변 사람들을 피하고 방안에 앉아 멍하게 있는 자신의 모습일 수도 있다. 그들에게서 보이는 공통적인 정서는 우울, 불안, 초조, 긴장 등의 어둡고 부정적인 것들이다. 타인에게 적극적으로 다가가기보다 소극적, 수동적으로 대하며, 어떻게든 타인에게 주목받거나 교류하는 상황을 불편해한다. 그야말로, 집단 내에 속하지 못하는 아웃사이더의 전형이다.

물론, 그들의 모습이 획일화된 경향을 띠는 것은 아니다. 남들이 자신을 이해하지 못하니, 자진해서 집단 내의 소수로 남기를 자처하는, 자신감 넘치는 아웃사이더도 분명 있을 것이다. 하지만, 대개의 '아싸'는 부끄러워서, 긴장돼서, 사람들의 시선이 불편해서 등의 이유로 집단의 주변부로 밀려나는 경우가 더 많다. 자의가 아닌 타의로 공동체에서 멀어진 이들은, 더욱 위축될 뿐이다.

아싸를 벗어나기 위한 3가지 원칙

1. 사회적 상황에서의 자신의 생각을 잘 헤아리기

같은 상황에 놓인 이들이라도 어떤 이는 더 심한 불안을 느낀다. 이는 상황에 대해 각자가 내린 해석이 다르기 때문이다. 대개는 '사람들이 나를 이상하게 생각할 거야', 혹은 '내가 하는 행동이 남들이 보기에 어색하지 않아야 하는데'라는 식의 타인 중심적 생각을 많이 한다. 그 기저에는, 자신이 타인에게 사랑받지 못할 것이라는 존재론적 두려움, 혹은 끔찍한 결말을 예상하는 재앙화적 사고가 숨어 있다. 자신의 생각이 명백한 오류라면 현 상황에 대한 부적절한 해석을 믿을 필요는 없다.

불안한 순간에 자신의 마음을 잘 헤아려볼 수 있다면, 그 후에는 현실적이면서 건강한 대안으로 바꾸는 연습이 필요하다. '나를 쳐다보고 있지만, 크게 관심을 두지 않을 거야. 나도 그렇잖아', '내 행동이 꼭 완벽하게 자연스러울 필요는 없어.', '처음에는 긴장되지만, 시간이 지나면 편해질 거야.'라는 식의 적절하고 합리적인 대안들을 미리 찾아보고, 사회적 상황에서 불안이 느껴지면 이를 떠올리도록 하자. 휴대전화 배경화면, 업무 장소의 모니터 앞 메모지, 컴퓨터 바탕화면 등에 이 글들을 적어두고, 반복하여 보는 것도 좋다.

2. 긴장을 푸는 방법들을 배우도록 한다.

자신의 생각을 바꾸어 나가는 과정 못지않게, 몸과 마음을 이완시키는 방법을 배우는 것 또한 중요하다. 특히, 호흡 이완 기법(breathing relaxation technique)은 이완을 위한 장소나 시간의 제약이 없어 추천할 만하다. 사회적 상황에의 긴장은 가슴으로만 쉬는 얕은 호흡을 일으킨다. 호흡 이완 기법을 통해 의도적으로 배로 호흡하게 된다면, 체내의 산소와 이산화탄소의 균형이 안정화 될 뿐만 아니라, 부교감신경을 자극하게 되어 심리적 긴장과 불안이 줄어들게 된다.

하루에 2~3회 가량, 조용한 장소에서 의자에 앉아 배를 사용하는 호흡을 해보자. 들숨 때 '하나', 날숨 때 '편안하다'를 속으로 되뇌며, 배가 올라갔다 내려갔다 하는 감각에 집중하도록 하자. 꼭 끼는 옷이나 벨트는 잠시 벗어놓거나 풀러도 좋다. 호흡 이완 직후의 이완감, 집중도를 수첩이나 스마트폰의 메모장에 매일 기록해 나가는 것이다. 약 2~3주 가량 매일 훈련을 한다면, 조금씩 일상의 긴장이 줄어들 수 있다. 그 후에는 긴장되는 상황 직전에 사용하여 충분히 효과를 누릴 수 있다.

일상과 휴식의 완전한 분리가 중요하다. 일상의 스트레스에 취약한 사람들은 몸과 마음의 긴장을 일으키는 교감신경의 불이 꺼질 새가 없다. 의도적으로 휴식을 통해 이완을 시켜주어야 한다. 명상, 요가, 온천욕 등 차분한 여가 활동이 도움이 될 것이다.

3. 반복적 직면이 답이다.

건강한 생각, 몸과 마음의 이완을 통해 긴장이 다소 누그러졌다면, 이제 사회적 상황을 직면하는 단계이다. 자신이 힘들어하는 상황들 10가지를 나열하고, 순위를 매겨보자. 가장 낮은 순위의 상황부터 조금씩 맞부딪쳐 나간다. 중요한 것은, 사회적 상황에서 불안했던 자신의 반응을 되돌아보고, 순간의 생각, 반응들에 대해서 끊임없이 건강한 생각과 이완 기법으로 대체해 나가야 한다.

'아싸'라고 불행하고, '인싸'라고 행복할까

인간의 행복에 사회적 교류와 소속감이 영향을 미치긴 하지만, 더욱 중요한 건 스스로가 현 상황을 어떻게 받아들이는가 하는 것이다. 사회불안은 결국 자신의 모습을 있는 그대로 받아들이지 못할 때 생겨날 수 있는 것이다. 그런 의미에서, 불행한 '인싸'도 존재하며, 행복한 '아싸'도 있을 수 있다. 공동체 내에서 자신의 위치가 어디인가에 몰두하고,

타인의 시선에 매몰되기보다는 현재의 '나'를 더 사랑하는 것이, '아싸'의 소외감에서 벗어날 수 있는 가장 건강한 방법이다.

답이 없는 삶, 어떻게 해야 하나요

Q

저는 어릴 때부터 모든 면에서 무관심, 무의욕이 습관이었어요. 친구들과 노는 것도 공부도 관심이 하나도 없었습니다. 학창 시절 학교에 적응도 잘 못하고, 성적은 밑바닥이었고 하고자 하는 마음이나 해보고 싶다는 생각조차 아예 들지 않았습니다. 또, 복잡한 일은 회피합니다. 글이 많은 기사, 긴 설명이 있는 책은 대충 보게 됩니다.

성인이 되어서도 똑같습니다. 지금도 나이를 먹을 만큼 먹었는데 바뀌어야겠다는 생각만 하지 전혀 바뀌지 않습니다. 잘하는 게 없고 하고 싶은 것도 없는 상태에다, 공부는 애초에 포기하고 상식도 없고 다 부족하다 보니 단순 직종에서 일은 하고 있지만 다른 곳에서 일하기도 겁이 납니다. 이 탓인지 자기비하도 서슴없이 하게 됩니다. 상황이 이런데 전혀 바뀌지 않고 있으며 여전히 하고자 하는 마음도 없고요. 쉬는 날 밖에서 뭘 하려 하기보다는 집에서 늘 티비만 보면서 공허함 속에 살고 있습니다.

저는 어떻게 해야 할까요? 아무것도 하기 싫고, 자기 비하가 날로 심해지고 있습니다. 대체 어디서부터 노력해야 할까요?

A

　절박한 심정이 글 곳곳에 묻어나는 것 같아 참 안타까워
요. 꽤 오랜 기간동안 갈피를 잡지 못하고, 성년이 된 지금도
해결되지 않은 고통이 삶에 머물러 있는 모습을 보면서 어두
운 바다에서 방향을 잃은 채 떠다니는 배가 떠올라 마음이
아팠습니다.

　증상을 살펴보면, 학습에 대한 무관심, 주의 집중력의 부
재 등에서 먼저 ADHD나 학습장애를 생각해볼 수 있겠습니
다. ADHD나 학습장애는 학습 능력의 저하를 부르고, 이로
인해 학교생활에 대한 흥미를 갖지 못하여 학교생활 자체에
대한 의욕을 떨어뜨려요. 적절한 치료를 받지 못한다면 학교
생활이 고통스러워집니다. 그래서 심한 경우 우울증이 함께
동반되기도 합니다. 무관심, 무의욕, 매사 흥미 저하, 자기 비
난이 있었다는 대목에서 우울 증상이 꽤 오랜 기간동안 질문
자님의 삶에 머물러 있었음을 알 수 있어요.

　우울증은 자신도 모르는 사이 삶의 모든 것에 흥미를 잃
게 만들고, 의욕을 없애고, 좌절감을 안겨줍니다. 그리고, 우
울증이 치료받지 못한 채로 방치된다면, 자신에게 주어지는
일들과 주변의 사람들을 회피하는 행동 패턴이 굳어지게 되
어 일종의 성격적 특성으로 바뀌는 경우도 종종 있습니다.

일시적인 우울감이 아닌, 말 그대로 '우울한 사람'이 되어버리는 것이지요. 이것 또한 우울증이 가진 무서운 점입니다. 안타깝지만 이번 경우에도 그러한 무의욕과 매사 흥미 저하, 고통을 마주하지 못하고 회피하는 패턴들이 오랜 기간을 거쳐 삶에 스며들어 있는 모습이 그려집니다.

하지만 긍정적인 신호도 보입니다. 자신의 삶에서 겪은 어려움에 대한 인식도 어느 정도 잘 하고 계시는 점과 개선의 의지가 있다는 점이요. 모두 치료를 위해 꼭 필요한 요소들이거든요. 흔히 고질적인 문제나 성격적인 면을 치료로 바꿀 수 없다고 생각하지만, 성격이라 함은 성장 과정에서 세상을 어떻게 받아들이고 바라볼 것인가에 대해 얻은 감각입니다. 즉, 오랜 기간동안 학습한 '습관'일 뿐이라는 것이지요. 오랫동안 몸에 배어 쉽게 바뀌진 않겠지만, 단단히 마음을 먹고 변화를 향한 발걸음을 부지런히 옮긴다면 어느새 조금씩 나아지고 있는 자신을 발견하게 될 겁니다.

심리검사는 현 상황에서 꼭 권유하고 싶어요. 가능하면 지적 능력 평가와 주의 집중력 평가를 포함한 심리 전반을 볼 수 있는 검사를 추천해 드려요. 치료에 임하는 데 있어 자신이 문제를 잘 인지하는 것과 그렇지 못한 것은 엄청난 차이가 있습니다. 치료의 목표를 설정하는 데도 도움이 될 수 있고요. 일부 편견처럼 IQ 검사만 하는 것이 아니라 주의 집중력을 비롯한 여러 영역을 세밀하게 검사할 수 있어, 자신에게 문제가 되는 부분이 무엇인지 명확하게 알 수 있게 합니다.

규칙적인 운동과 식습관, 주기적인 외부 활동 등 활력을 높일 수 있는 여러 방안을 찾아 실천해 나가시는 것도 도움이 될 겁니다.

게으름에 대처하는 5가지 극복 방법

게으름의 이유 - 게으름도 유전된다

어떤 일을 해야 할 때, 왠지 모르게 망설이게 되고 미뤘던 경험을 해 본 적이 있는가? 미적미적하다 약속 시간에 늦어본 일도 분명히 있을 것이다. 이는 평소 자신의 모습이거나, 늘 답답해 보였던 친구의 모습일 수도 있다. 의도했건 아니건, 우리는 정해진 일을 정해진 시간에 하지 못하는 이들을 향해 '게으르다'고 눈총을 주곤 한다. 제때 필요한 일을 잘처리해도 모자란, 바쁘고 복잡한 현대사회에서 게으름은 우리의 적이다.

왜 우리는 게으름을 피울까? 단순히 느리게 행동하는 것이상으로, 이유에 대한 설명은 상당히 복잡할 수 있다. 흥미

롭게도, 이를 유전학으로 설명하려는 움직임도 있었다. 최근 권위 있는 심리학 매체인 Psychological Science에서 발표한 연구에 따르면, 게으름의 성향은 유전자 수준에 입력되어 있는 충동성과 관련된 정보를 따르기 때문에 가족력을 가진다고 한다. 또한, 이는 평생을 따라가는 기질에 가깝다고 밝혔다.

하지만, 타고난 유전적 기질의 바탕 위에 성장 과정의 경험이 더해져 빚어지는 것이 바로 인간의 성격이다. 게으름의 유전성이 있더라도, 자신의 약점과 취약성을 잘 파악하고 적절한 대처를 할 수 있다면, 게으름 또한 극복할 수 있다. 인간은 적응의 동물이며, 성장하는 존재이기 때문이다.

게으름을 극복하기 위한 5가지 방법

게으름이 성격처럼 굳어버린 이들이라면, 벗어나는 일이 쉽지는 않다. 하지만, 자신의 게으름이 삶에 부정적인 영향을 끼쳤음을 인식하고, 변화를 다짐하는 그 순간에 이미 반절은 변한 것이라 해도 과언은 아니다. 다음은 게으름을 극복하는 데 도움이 되는 5가지 방법이다.

1. 한 발 뒤로 물러서 큰 그림을 그려보기

한 발 뒤로 물러서서 좀 더 큰 그림을 그려보자. 미래에 꼭 해야 할 것을 미루기만 하고, 지금 눈앞에 보이는 것에만 몰두하는 것은 아닐까? 지금 현재 앞에 있는 것에 마음을 빼앗기기보다는, 큰 그림을 살펴보면 더 중요하게 고려해야 할 일이 있음을 생각하자. 특히, 자신이 미루고 있는 사안에 대해 전반적인 목표, 삶의 방향과 결부 지어 생각해보는 것도 도움이 될 것이다.

2. 일의 중요도 순위, 전후 순서를 잘 정하자.

일을 미루고 게으름을 피우는 데는, 일의 복잡성이 한몫하기도 한다. 일의 순서를 정돈하도록 하자. 자신이 해야 할 일들을 나열하고, 일의 중요도 순서와 처리 순서를 간략하게 기록해보자. 해야 할 일의 우선순위가 무엇인지 윤곽이 잡힐 것이다. 주의해야 할 것은, 반드시 손으로 적어보아야 한다는 것이다. 문제의 해결 방안을 머리로만 생각하게 된다면, 기억에 저장되고 실행에 옮기게 되는 데는 분명 한계가 생길 수밖에 없다.

3. 완벽주의를 조심하자.

자신에게 주어진 일을 너무 완벽하게 하려 하는 것은 아닌가 돌아볼 필요가 있다. 어떤 일이든 100% 해내려는 무의식적 욕망은, 사람을 너무 지치게 만들거나, 혹은 그 일을 완벽하게 해내지 못할 가능성이 있다면 회피하고, 미루게 만든다. 자신의 마음 안에 완벽주의가 있다면, 이를 조금은 내려놓고 유연해지기 위해 노력해야 한다. 일의 결과, 성과에만 집착하기보다 과정을 즐기는 마음가짐도 꼭 필요하지 않을까.

4. 능동적 게으름과 수동적 게으름

자신의 스타일을 잘 생각해보자. 일을 앞두고 미적거리다가 결국 시기를 놓치거나 일을 망치게 되는 '수동적 게으름'은 분명 문제가 된다. 하지만, 일을 코앞에 두어야만 일의 능률이 오르는 이들도 분명 있다. 이를 능동적 게으름(active procrastination)이라 한다. 2017년 발표된 한 연구에 따르면, 능동적 게으름을 일 처리 방식으로 '선택'한 학생들은 데드라인을 겁내며, 수동적으로 공부한 아이들에 비해 성적이 비교적 높았음을 보여주었다. 즉, 자신의 일 처리 방식을 잘 알고, 거기에 맞게 행동할 필요가 있다는 것이다.

5. 일이 끝나면 적절한 보상을 주자.

칭찬은 고래도 춤추게 하는 법. 칭찬 같은 무형의 보상뿐만 아니라, 하기 싫은 일을 끝내고 나면 스스로 줄 수 있는 실제적 보상을 생각해보도록 하자. 다이어트 때문에 참았던 달콤한 음식, 예쁜 옷, 기분 전환을 위한 영화 감상 등 일을 잘 수행한 이후에 따라오는 적절한 보상은 다음 수행에 대한 동기를 강화하는 효과를 줄 수 있다. 자신에게 조금은 관대한 마음을 갖고, 자신이 만족할 수 있는 보상이 무엇인지 잘 살펴보자.

못 자는 것도 병

잠을 자려 해도 쉽게 잠들지 못하고, 뜬눈으로 새벽까지 깨어있었던 경험이 있는가? 불면증은 살아가며 누구나 한 번쯤은 겪는 증상이다. 실제로, 여러 연구에 따르면 일반인의 3명 중 1명 정도는 잠들기가 어렵거나, 숙면을 취하지 못한다고 호소한다. 가히 현대사회를 살아가는 이들의 '마음의 성인병'이라고 불릴 만하다. 불면증은 단순히 잠을 자지 못하는 것으로 끝나는 것이 아니다. 불면증을 겪는 이들은 밤 동안 잠을 설치고 난 후 다음 날 낮 동안 졸음에 시달리고, 일의 능률 저하를 경험하기도 한다. 불면증을 인한 감정의 기복, 심리적 스트레스 등도 적지 않다.

불면의 원인은 다양하다. 살아가며 겪는 심리적 스트레스, 음주로 인해 깊이 잠들지 못하고 자다 깸, 우울증, 소음이나 빛 같은 외부 자극 등 셀 수 없이 많은 요인들은 현대인들을 편안히 잠들도록 허락하지 않는다. 불면증이 일단 시작되면, 눈덩이를 굴리듯 점차 여러 증상들과 함께 삶에 막대한 영향력을 행사하게 되기도 한다. 불면증이 시작되면 수면 자체에 대한 염려와 불안이 더욱 커져, 수면 상태를 악화시키는 악순환의 경과를 밟는 경우도 있다.

1. 정확한 진단이 필요하다.

불면의 밤을 보내고 있다면, 당연히 전문가의 도움이 필요하다. 대학병원뿐만이 아니라, 수면을 전문으로 하는 클리닉을 방문하여 수면을 방해하는 다양한 요인들을 객관적으로 살펴볼 필요가 있다. 자신을 괴롭히는 불면에 대한 다각도적인 평가가 필요하다. 자신은 알지 못했던 코골이, 혹은 치료받아야 할 수면 무호흡증을 발견할 수도 있다.

불면증의 중요한 원인 중의 하나는 바로 우울증이다. 우울감, 무기력감, 식욕 저하, 집중력 저하 등이 불면증과 함께 동반된다면, 우울증으로 인한 불면을 의심해야 한다.

2. 수면 위생부터 바꿔보자.

자신도 모르게 수면에 부정적 영향을 끼치는 습관을 가지고 있을지도 모른다. '수면 위생'은, 불면증을 치료하는 데 있어 가장 중요한 기본 원칙이다. 불면의 밤으로 괴로워하고 있다면, 밑의 사항들을 준수하는 것만으로 꽤 많은 효과를 볼 수 있다.

1. 잠자리에 누워 있는 시간을 제한한다.

2. 매일 같은 시간에 기상하도록 한다.

3. 낮 시간 동안 규칙적인 운동을 한다.

4. 편안하고 조용한 침실 분위기를 만든다.

5. 침실 온도를 적정하게 유지한다.

6. 규칙적 식사 – 배고픈 채로 잠자리에 들지 않는다.

7. 수분을 과하게 섭취하지 않는다.

8. 술을 마시지 않는다. – 음주는 수면을 분절시킨다.

9. 흡연 또한 수면을 방해할 수 있다.

10. 염려되는 문제를 침대까지 끌어들이지 않는다.

11. 낮잠을 제한한다.

12. 시계를 방에 두는 것을 피한다.

13. 잠에 들려고 억지로 노력하지 않는다. – 입면이 어려우면, 잠시 거실로 나와 책을 읽거나, 차분한 음악을 듣다 다시 잠자리로 들도록 한다.

3. 수면에 대한 나의 관점에 대해 생각해보자.

수면 자체에 대한 나의 오해가 불면증을 악화시키고 있을지도 모른다. 이를테면, 수면 시간은 사람마다 다르다. 꼭 자야 하는 수면 시간이 있는 것은 아니다. 하루 잠을 설쳤다 해서 그런 날들이 계속되는 것도 아니다. 지나친 과잉 일반화의 오류를 범하고 있는 것이다. 수면에 예민한 이들은 자신이 기준 삼은 수면 시간보다 적게 자면, 다음날 활동에 지장이 있을까 전전긍긍하는 경우가 있다. 하지만, 이러한 관점은 수면에 도움이 되지 않는다.

하루 잠을 못 잤다고 해서 꼭 보충해야 하는 것은 아니다. 불면에는 오히려 잠자리에 머무는 시간을 의도적으로 줄이는 수면 제한을 치료에 이용하기도 한다. 잠을 설치는 날이 있다면, 그다음 날은 대개 숙면을 취하는 경우도 많다. 오히려 수면에 대한 그릇된 정보와 이로 인한 불안은, 불면을 눈덩이처럼 커지게 만든다.

걱정을 조금 줄이고, 몸 안의 '생체 시계'를 믿자. 오랜 기간 동안 적응된 생체 시계는 놀라울 정도로 정교해서, 적절한 환경과 규칙적인 생활만 보장된다면 건강한 수면 또한 저절로 따라올 수 있을 것이다.

4. 적정한 기간의 약물치료는 도움이 된다.

불면증의 극복에 수면 위생, 수면 자극 조절이나 인지행동치료와 같은 방법들도 충분히 효과가 있다. 하지만, 불면으로 인해 삶에 막대한 지장이 있다면 당장 급한 불을 끌 수 있는 수면제도 도움이 된다.

여러 방송 매체에서 수면제의 '끔찍한' 부작용에 대해 우려를 나타냈지만, 대개의 경우 수면제의 부작용과 적정 용량을 고려치 않은 투약이나 처방의 결과이다. 필요한 용량을 적정 기간 동안 사용하는 것은 당장의 고통을 줄여줄 수 있다. 또한, 향후 불면증을 극복하는 데 있어 중요한 단초가 될 것이다.

또 하나, 수면제는 영원히 끊을 수 없다는 것은 무지한 편견에 가깝다. 증상에 맞게 처방받은 수면제는, 여러 방면의 노력으로 불면증이 극복되는 과정에서 점진적인 감량으로 줄이거나 끊어나갈 수 있다. 효과적인 방법을 두고 군이 먼 길을 돌아갈 필요는 없지 않을까?

왜 항상 외로운 걸까요

Q

저는 혼자 있는 외로움이 너무 싫습니다. 20살에 독립해서 너무 기뻤지만 그것도 잠시, 혼자 밥 먹는 게 그렇게 외롭고 서럽더라고요. 이제는 혼밥이 조금은 익숙해졌지만 매년 한두 번씩 나의 안식처가 없다는 느낌, 그리고 완전히 타인에게서 고립된 느낌이 들었습니다.

그래서 혼자 있는 상황을 만들지 않으려고 노력했어요. 친구와 같이 살기도 했었죠. 그런데도 외로움이 가시질 않더라고요. 남자친구를 만나도 '얘가 가면 나는 또다시 혼자네', '곧 다시 혼자가 되겠네'라는 생각에 함께 있는 시간도 온전히 즐기지 못하는 것 같습니다. 또, 남자친구가 조금만 소원해져도 집착이 심해집니다. 겉으론 그리 기대하지 않는 척하지만, 그러면서 남자친구가 없으면 너무 허전하거든요.

자꾸, 이런 외로움이 반복되다 보니 외로움이 어떤 외부적인 데서 오는 것이 아니라 저의 심리 상태 때문인 것 같은데 뭐가 문제일까 답을 못 찾겠어요. 더 이상 울면서, 억지로 참아내면서 하루하루 우울하게 살고 싶지 않아요. 외롭고 쓸쓸한 느낌이 너무 심해, 아무것도 하기 싫고 집에서 울고만 지냅니다.

A

　현재 외로움과 싸우고 계시는군요. 물론 지금 현재 외부적인 상황 자체가 외로움을 유발하는 가장 큰 요인인 것 같습니다. 당연히 상황이 바뀌면 외로움을 느끼는 강도나 빈도가 훨씬 덜하지 않을까 하는 생각도 듭니다. 하지만, 스스로 말씀하셨듯이, 외부적인 요인보다 내면적 원인이 더욱 큰 것이 아닌가 하네요. 세상에 나를 누구도 이해하지 못할 것 같은 느낌, 세상에서 나 홀로 고립되어 있는 고립감과 외로움이 최근에 생긴 시각은 아닐 것 같아요. 또 내적으로 오랜 기간 동안 쌓여온 감정이라면, 한두 가지의 극복 방법으로 해결되는 문제도 아닐 거라 생각합니다.

　내가 세상을 보는 시각, 타인과 주변 환경, 미래를 바라보는 시각은 성장 과정에서의 많은 경험에 의해 만들어지고, 굳어집니다. 어릴 적 따돌림당했던 기억이나, 부모님과의 정서적 교류의 여부, 정서적 욕구의 충족 여부 같은 것들이 현재의 '시각'을 만들어내는 것이지요.

　자신이 늘 외롭고 고독하다는 느낌, 나는 언제나 혼자일 거라는 시각은 감정과 행동으로 이어집니다. 왜곡된 생각이나 행동도 나타납니다. '나를 이해해주고, 내 감정을 진심으로 공감해주는 사람은 없을 것'이라는 생각은 타인에 대한 기대를 거두고, 의식적이든 무의식적이든 거리를 두게 만듭니다. 새로운 사람을 만나도 피상적인 관계를 맺고, 속내를 드러내지 않게 되기도 하죠. 또, 우울하고 쓸쓸한, 슬픈 감정과 함께, 타인에 대한 불편한 감정, 관계에 대한 균형적이지 않은 시각으로 관계를 회피하거나, 반대로 정서적인 무의식적 갈망으로 관계에 집착하게 되는 등의 문제가 생겨나기도 하죠. 어느 쪽이든 이런 패턴이 굳어지면서 역설적이지만 '외롭다'고 느끼면서도 자신도 모르게 더 외로운 상황을 만들고 있는 건지도 모릅니다. 관계에 대한 균형 잡힌 시각에도 문제가 생기게 되고요.

단기적인 극복 방법보다, 방향을 알려드리고 싶어요. 오랜 예전의 감정과 경험이 현재에 영향을 미치고 있다는 것, 그리고 현재 자신도 모르게 이로 인해 부정적인 결과를 낳는 패턴을 반복하고 있다는 걸 인식할 필요가 있습니다. 인식이 깊고 넓어지며, 현재 자신의 행동과 감정, 생각의 문제 되는 패턴에서 조금씩 벗어날 수 있게 되는 것이지요. 물론 오랜 기간 동안 이어져 온 패턴을 바꾸는 일이 쉽지 않을 것이며, 지속적인 노력이 필요합니다. 어느 쪽이든 혼자서만 파악하고 바꾸어 나가기는 힘듭니다. 방향을 잡아줄 수 있는 주변 사람들과 전문가의 도움이 필요할 거라 생각이 듭니다.

나 자신을 사랑하라, 자기 몸 긍정주의

―

회사원 A 씨는 오늘도 출근 전 거울을 보며 고민한다. 이 옷을 입으면 더 부어 보이고, 저 옷을 입으니 어깨가 넓어 보이는 것 같고. 어떻게 마음에 드는 데가 하나도 없을까. 거울에 비친 자신을 보곤 한숨을 내쉬며, 타이트한 옷에 억지로 몸을 밀어 넣는다. 오늘따라 더 갑갑하고 꽉 끼는 듯한 느낌에 낙담과 짜증이 동시에 밀려온다. '난 도대체 왜 이 모양인 걸까.' 요즘 살쪈 걸 눈치챌 것만 같은 사람들의 시선이 두려워 왠지 모르게 움츠러든다. 오늘따라 벽에 붙은 온갖 다이어트 격언들이 한층 마음을 무겁게 한다.

외모와 자존감, 비뚤어진 상관관계

거울에 비친 자신의 모습에 느끼는 실망과 좌절은 A 씨

만의 것은 아닐 테다. 대부분 현대인이 외모와 관련하여 비슷한 고민을 공유하고 있다. 현대 사회에서 시간이 갈수록 겉으로 드러나는 외모의 중요성은 더욱 부각되고 있는 듯하다. '외모도 일종의 능력'이라는 캐치프레이즈가 대중매체의 현란한 광고를 통해 우리 뇌리에 새겨지고 있다. 각종 드라마에서도 스포트라이트를 받는 이들은 멀끔하고 아름다운 외모를 가지고 있으며, 그 대척점에 서 있는 이들은 조연, 단역을 맡기 마련이다. 우리의 무의식에선 외모 또한 생존 경쟁의 무기 중 하나로 여기게 되어, 화려하고 멋진 외모를 위해 노력하는 것일지도 모른다. 최근 취업을 위해 준비해야 할 9가지 사항을 뜻하는 '취업 9종 세트'라는 신조어가 등장했는데, 이 중 하나가 '취업 성형'이라고 한다. 외형과 능력을 뗄 수 없는 것으로 보는 요즘의 세태가 여실히 드러난다.

외모가 자신의 능력을 드러내는 척도이자 경쟁을 위한 수단이라는 인식은 자존감의 문제와 맞닿아있다. 자존감 (self-esteem)은 말 그대로 스스로 내리는 자신에 대한 평가라 할 수 있다. 하지만 우리는 A 씨처럼 남들에게 어떻게 비칠지에 대한 두려움을 가진다. 자존감의 칼자루를 자신이 쥐지 못하고, 타인에게 넘겨준 것과 마찬가지다. 자신 안에서 중심이 잡히지 않으니 타인들의 시선에 휘둘리며, 자존감은 점차 깎여나간다. 또, 외모에 대한 좌절은 경쟁의 패배를 의미하기에 내적 불안을 초래한다.

또 다른 문제는, 스스로 내리는 외모에 대한 부정적 평가다. 2017년 여성가족부가 발표한 조사 결과에 따르면, 자신의 외모에 만족한다고 응답한 비율은 남성 76.5%, 여성 67.1%라 한다. 안타깝게도, 외모의 객관적인 정도를 떠나 자신의 외모에 만족하는 이들이 2/3밖에 되지 않는다는 것이다. 자존감이 낮은 이들에겐 세상의 자극을 걸러내는 일종의 필터가 존재하는 것 같다. 일반적인 이야기라도, 긍정적인 부분을 쏙 뺀 부정적인 정보만 받아들여 스스로 괴로워한다. 그러니 평범한 외형조차 자신에겐 부족한 결함투성이로 여겨지고, 다시 자존감이 다치는 식의 반복적인 패턴을 그리게 된다. 또, 외모에 대한 다소 편향된 사회적 시선은 가뜩이나 낮은 자존감에 더욱 생채기를 낼 뿐이다.

자기 몸 긍정주의(body positivity)

자기 몸 긍정주의(body positivity)라는 용어가 새로이 등장했다. 문자 그대로 남에게 보여지는 외모보다는 편안함을 더 우선시하며, 자신이 가진 외형과 몸을 있는 그대로 사랑하자는 이야기다. 최근 H&M, 나이키, 타미힐피거 등의 유수의 의류 업계에서 과거 '키가 크고 비율 좋은' 백인들을 모델로 내세웠던 전통을 뒤엎고, 흑인, 장애인, 통통한 몸매, 주근깨가 뒤덮인 얼굴을 가진 모델들을 전면에 내세우는 것이 자기 몸 긍정주의의 한 흐름이라 할 수 있겠다. 과거 획일적인 미(美)의 기준이 있고 그에 따르는 것이 진정한 아름다움이라고 생각했다면, 인위적인 노력을 기울이지 않은 본연의 '나 자신'을 있는 그대로 긍정하고 사랑하는 것이 중요시되고 있는 것이다.

자기 몸 긍정주의의 물결 속에서 자존감 회복을 위한 중요한 힌트를 얻을 수 있지 않을까? 낮은 자존감 회복을 위해 가장 중요한 것은 '뼈를 깎는 노력'이 아니다. 자존감 회복을 위해 전전긍긍하며 변화하려는 시도는, 역설적으로 더 큰 좌절을 안겨주게 된다. 또, 어떤 이들은 낮은 자존감과 위축된 삶에 대한 보상심리로 이루지 못할 정도로 과도한 목표를 세우기도 한다. 이 또한 위태로워 보인다.

받아들이고, 사랑할 수 있는 이는 오직 나뿐이다. 결국, 궁극적으로는 있는 그대로 자신의 모습을 받아들일 수 있어야 한다. 자신의 외형이 어떻든, 현재의 삶이 어떠하든 본연의 모습을 그대로 사랑할 수 있다면, 그때가 바로 자존감의 토대가 탄탄하게 다져지는 순간이다. 우리는 그 토대를 딛고 앞으로 나아갈 수 있다.

이솝우화에 나오는 해와 바람의 경쟁을 떠올려보자. 매서운 바람은 나그네의 옷을 벗기지 못한다. 해가 보내는 따뜻한 햇살처럼, 자신에 대한 따뜻한 긍정만이 몸과 마음의 변화를 가능케 할 것이다. 결국 나를 받아들이고 사랑할 수 있는 이는 나뿐이지 않은가.

건강한 정신을 위한 3가지 습관 레시피

피로와 스트레스에 찌든 현대인의 삶

시끄럽게 울리는 알람 소리에 선잠이 깬 정 대리. 휴대전화의 시각은 이제 일어나 씻고 출근을 준비할 때임을 알린다. 늦게까지 이어진 회식, 술자리로 몸은 천근만근, 눈꺼풀은 올라올 생각을 하지 않는다. 겨우 몸을 일으켜 샤워하면서 어제 술자리에서 취해서 했던 실수가 떠올라 머리가 복잡하다. 오늘 무슨 꾸중이 날아들지 긴장되기 시작한다. 깜빡했던, 급하게 제출할 기획서 생각도 떠올라 뒷목이 뻐근하고 가슴이 뛰기 시작한다. 이제는 샤워기에서 나오는 물이 찬지 따뜻한지도 잘 모를 정도다. 입맛도, 여유도 없어 급하게 우유 한잔 들이키고 서둘러 출근길에 나선다. 오늘은 유난히 입맛이 쓰다.

이런 정대리의 모습은 진부할 정도로 전형적인 현대인의 모습이 아닐까. 과거 단조로웠던 인류의 삶은 눈앞의 것들만 생각하면 되는 '지금 이 순간'에 초점이 맞춰진 삶이었다. 바쁘고 복잡한 현대인의 삶은 반대 극단에 있다. 현대는 복잡하게 연결되어 있어 우리에게 매 순간 변화와 적응을 강요한다. 우리는 늘 무엇인가를 대비하기 위해 분주하다. 이런 이유로 몸은 이곳에 존재하지만, 마음은 과거나 현재, 혹은 멀리 떨어진 다른 곳에 머무른다.

손만 까닥해도 무엇이든지 얻을 수 있고, 교통, 물류의 발달은 먼 거리도 더는 문제 삼지 않아도 되는 편한 세상이지만, 몸은 이토록 편한 반면 우리의 마음은 과연 어떠한가?

스트레스가 결정적인 원인이 되는 적응 장애, 공황 장애, 강박 장애 등 기분-불안 장애 환자 수 또한 급격하게 증가하고 있다는 사실은, 스트레스로 인해 고통받는 이들이 날이 갈수록 늘어나고 있다는 방증이다. 조금만 한눈을 팔아도 금세 도태될지도 모른다는 초조함은 우리를 괴롭힌다. 첨단 기술로 연결된, '포장된 편리' 안에서 나 자신의 정체성은 날로 흐려진다. 이런 사회에서 나의 마음은 과연 건강한가? 건강한 정신을 위해서 우리가 할 수 있는 일은 무엇일까?

1. 일과 휴식의 완전한 분리

일과 휴식을 분리한다는 것이 과연 가능할까? 여기서 말하는 분리란, 물리적인 분리를 말하는 것은 아니다. 퇴근과 동시에 업무 모드 스위치를 꺼버릴 수 있으면 좋겠지만, 그게 마음대로 되지 않는다. 무엇보다 익숙하지 않고, 몸과 마음에 습관화되지 않은 탓이다. 하지만 마음 안에서 한 덩어리로 뭉쳐진 일과 휴식을 떼어내는 과정은 꼭 필요하다. 일과 휴식이 마음속에서 정리되지 않으면, 체내의 에너지와 생리작용을 조절하는 자율신경계는 끊임없이 돌아간다. 기계가 작동하기 위해서는 연료가 소모되듯, 결국 소진된 에너지가 번아웃 증후군(burnout syndrome)을 만든다.

일과 휴식을 분리하기 위해서 휴식 시간에 할 수 있는 활동을 구분할 수 있어야 한다. 회의, 업무 전화, 서류작업 등 회사에서 하는 것은 정해져 있고, 어느 정도 흐름이 예측 가능하다. 하지만, 막상 휴식 시간이 주어지면 의미 없는 시간만 보내다 쉬었는지, 아니면 '멍 때리다' 지나갔는지 모르는 경우가 비일비재하지 않은가. 휴식 시간에 할 것들을 정하자. 꼭 정해진 활동이 아니더라도, '30분간 수면'. '1시간은 인터넷 쇼핑하기'와 같은 활동들도 좋다. 업무에서의 삶과, 휴식할 때의 삶의 결을 다르게 만드는 작업이다.

평소 눈여겨보았던 취미를 배우는 것도 좋은 방법이다. 취미활동에의 몰입은 긍정적인 에너지와 창조성을 불러일으킨다. 또, 몰입하면서 '현재 이 순간'의 감각을 키울 수도 있다. 심리학자인 미하이 칙센트미하이가 자신의 저서 〈몰입〉에서 말한 것처럼, 삶의 행복은 매 순간의 몰입에서 온다. 휴식에도 몰입이 필요한 법이다.

2. 항상 내 마음을 돌아보는 습관을 지니기

건강한 정신을 위해, 자신의 마음을 돌아보는 습관을 가지자. 업무와 인간관계로 지친 이들은, 외부의 것들을 해내는 데도 버겁다 느끼기 마련이다. 하지만, 그럴수록 자신의 마음을 들여다보는 연습이 꼭 필요하다.

자신이 부정적인 감정을 느낄 때, 이를 '감정-생각-신체감각-행동'으로 분류해보자. 이를테면, 분노의 감정은 '나를 무시한다, 네가 감히 나를?' 따위의 부정적 생각, 온몸이 경직되고 힘이 들어가는 신체감각, 언성을 높이고 위협하고 싶은 충동이 생겨난다. 감정 반응을 분리해서 보는 습관은, 통제할 수 없는 감정의 영역에 이성의 힘을 덧씌울 수 있다. 또 마음을 들여다보려는 노력은, 마음과 거리를 두고 볼 수 있게 한다. 이를 '거리 두기'라 하는데, 매 순간 자신의 거리를 두고 마음을 들여다보는 연습은 스트레스와 감정에서 충동적 행동으로 한 번에 이어졌던 뇌 안의 신경망 고속도로 위에, 잠시 멈추어 쉴 수 있는 휴게소를 세우는 것과 같다. 또, 여유가 생긴 만큼 예전처럼 감정에 휘둘리는 행동이 아닌, 건강한 행동을 스스로 선택할 수 있게 되는 것이다.

3. 내 삶에 중요한 가치 설정하기

나의 삶에 가장 중요한 것은 무엇인가? 어떤 이들은 돈, 혹은 명예나 인기와 같은 것을 이야기할지도 모르겠다. 남들이 부러워할 화려한 외양도 중요할 수 있겠다. 하지만, 그게 정말로 내 삶에서 가장 중요한 가치일까? 폼나는 외제 차, 멋들어진 옷, 자신이 일하는 분야에서 '최고'임을 상징하는 명함…. 누구나 갖고 싶지만, 이러한 것들이 목표가 된 삶은 얼마나 삭막할까? 또, 바라던 것이 이뤄지고 나면, 또 무엇을 찾아 헤멜 것인가? 거기에 자신이 진정 나아가고자 하는 삶의 방향이 담겨있진 못하다.

스스로 질문을 던져보자. 내일 바라는 모든 일이 이루어진다면, 과연 무엇을 하고 싶은가? 모든 일이 가능할 때, 모든 여건이 충만할 때 하고 싶은 것. 그것이 바로 자신이 살고 싶은 삶의 방향일 것이다. 거기엔 물질적인 목표가 아닌, '새로운 것을 경험하는 것'이나, '사랑하는 이들과 함께 하는 것'과 같은 자신이 진정 소중하다 여기는 가치가 담길 수 있다. 또, 진정 가치 있는 삶은 목표 지향직이 아니라, 방향 지향적이어야 하지 않을까?

매 순간 현재의 내 마음을 잘 들여다보며, 건강한 여유를 가지는 것, 그리고 자신이 진정 중요하다 여기는 가치와 삶의 방향을 따라가는 것. 이것이 바로 건강한 정신을 위해 가져야 할 가장 중요한 습관이 될 것이다.

마치며

우리는 때로 우리 마음에 일어나는 불안, 분노, 슬픔과 같
은 감정에 휩싸여 이에 휘둘립니다. 갑작스레 마주한 감정들
은 우리 마음을 뒤흔들고, 우리가 원치 않는 행동을 만들어
내기도 하지요. 충동적인 행동은 씁쓸한 후회와 자책을 남기
게 될 테고요. 후회할만한 기억 때문에 '이불킥'을 했던 경험
은 누구에게나 있을 겁니다. 때로는 이러한 과정이 반복되며
더 큰 문제를 만들어내기도 합니다.

의도한 바와 다르더라도, 감정에 따른 행동은 반복되면
서 일종의 패턴을 형성합니다. 우리는 자신의 마음을 모른
채 살아가던 대로 살아가며, 그 관성으로 나쁜 버릇과도 같
은 마음과 행동의 습관이 생겨나는 것이지요. 어떤 경우, 그
습관이 자신을 힘들게 하고 있다는 걸 알면서도 쉽게 멈출

수 없는 경우도 많습니다. 정신분석의 아버지, 지그문트 프로이트는 이를 반복 강박(repetition compulsion)이라 칭했습니다.

이렇듯 우리 마음은 습관 안에 갇혀 있습니다. 우리는 마음이 만들어낸 좁은 공간 안에서 맴돌고 있다는 사실을 가끔 알아차리지만, 벗어나기가 쉽지는 않아요. 이 틀에서 벗어나려면 어떻게 해야 할까요?

이럴 땐 잠시 멈추어, 각자의 마음을 살피려는 태도가 도움이 될 수 있습니다. 아주 전문적이거나, 세밀한 부분까지 분석하려 들 필요는 없어요. 다만 잠시 자신의 마음속에서 무슨 일이 일어나고 있는지, 내가 이 상황을 과연 어떻게 받아들이고 있는지 잠깐 떠올려 보는 것으로 충분합니다. 습관적으로 반응하기 전 단 '몇 분'의 작은 틈이 우리 마음을 헤아리는 데 있어서 중요한 순간이 됩니다. 두루뭉술하게 흘려보냈던 감정들을 잠깐이라도 멈추어 정돈하고, 막연한 불편함의 윤곽을 알아차리는 과정은 마음의 건강을 위해 꼭 필요한 단계입니다. 그간 우리는 얼마나 많이 마음의 파도에 휩쓸려 살아왔었던가요. 그러니 변화를 위한 첫 번째 단계는 〈인식하고, 알아차리기〉가 될 겁니다. 하지만 바쁜 삶 속에서 마음의 관성에서 벗어나기가 그리 쉽지는 않습니다. 우리 마음에 조금 더 가까워지는 데 좋은 방법의 하나가 심리치료입니다.

세상에는 참 많은 심리치료가 있습니다. 알려진 치료만 수 백 개 정도라고 하지요. 하지만 모든 심리치료의 목표는 결국 동일합니다. 한 문장으로 표현한다면 〈매 순간 우리 마음속에서 일어나는 일들을 알아차리고, 이전보다 더 건강한 선택을 해 나가기 위함〉 정도가 될까요. 프로이트가 시작한 정신분석(psychoanalysis)이나 아론 벡이 창시한 인지치료(cognitive therapy), 심리치료의 새로운 물결로 주목받고 있는 마음 챙김(mindfulness)에 기반한 명상 모두 자신의 마음 안에서 작동하는 '그 무엇'에 주목합니다. 방법론은 제각기 다르지만, 치료 과정을 겪으며 내담자 각자 자신의 마음에 대해 고민하게 되며, 이를 알아차리는 법을 점차 배우게 되는 셈이지요. 막연하게만 느껴지던 마음이 어떤 식으로 작동하는지 깨닫고, 우리 마음에 점차 가까워지면서 갇혀 있던 습관에 작은 균열이 생겨나게 됩니다. 그 벌어진 틈을 통해 우리의 관성을 잠시 멈추고, 갇혀 있던 틀에서 벗어날 수 있습니다. 그러니 어떤 형태이든 지속적인 심리치료는 마음 건강에 필수적인 요소입니다.

또 하나, 제 진료실을 찾는 많은 분에게 권해드리는 것이 바로 심리 관련 서적들입니다. 물론 책이나 전자책, 유튜브와 같은 영상물, 팟 캐스트 어느 쪽이든 좋습니다. 마음을 다룬 이야기를 통해 자신의 마음을 여러 면에서 들여다보는 건 꽤 흥미로운 여정입니다. 마음에 관한 이야기들은, 이전에는 평면적으로 느껴졌던 자신과 자신의 마음에 대해 좀 더 다양한 방향에서 바라볼 수 있게 합니다. 이야기를 접하며 자신의 마음을 입체적으로 인식할 수 있고, 그동안은 몰랐던 마음 안의 빈틈과 이전에는 미처 몰랐던 여유 공간들도 발견하게 될 테고요.

이 책에는 제가 몇 년간 네이버 건강, 정신의학신문 등 여러 매체에 연재했던 글들이 담겨 있습니다. 글의 카테고리와 내용은 조금씩 다르지만, 이야기의 결은 한 방향으로 흐릅니다. 가장 큰 주제는 바로 '우리 마음 속 이야기'입니다. 바라건대 각자의 마음을 알아 차려가는 여정에 제가 조금이나마 도움이 되었으면 좋겠습니다.

직업적 기쁨을 배우고, 치료자로서 성장하는 데 많은 영향을 주었던 동료와 스승님들께 감사와 존경을 바칩니다. 이야기의 곳곳에서 그들에게 빚진 부분이 너무나 많습니다. 또, 바쁜 삶에서 많은 의지와 위안이 되어준 사랑하는 아내와 두 딸, 가족들에게 언제나 감사와 미안한 마음을 함께 전합니다.

● 참고자료

삶이 즐겁지 않은 당신에게···016
1. Can talk therapy help people who are unable to experience joy?, DIana Fine Maron, Scientific American, 2018
2. Behavioral activation treatment for depression : A systematic review, Ga young Lee et al., Korean journal of clinical psychology, 2016

마음이 불안정할 때 절대 하지 말아야 할 5가지·······································106
1. What to do(not to) when you feel insecure, Ellen H, Quick and Dirty Tips
2. Self-affirmation can enable goal disengagement., Vohs KD et al., J Pers Soc Psychol, 2013 Jan
3. Psychosocial resources, threat, and the perception of distance and height: support for the resources and perception model., Harber KD et al., Emotion, 2011 Oct

관계에도 플라세보 효과가 있나요···142
1. 정신치료의 신경과학 : 사회적인 뇌 치유하기, Louis Cozolino 저, 강철민 이영호 역, 2014, 학지사

쉼이 없는 삶, 나도 혹시 일 중독···191
1. Are You a Workaholic? Time to Take Charge of Your Work-life, Psychology today(https://www.psychologytoday.com/intl/blog/fixing-families/201808/are-you-workaholic-time-take-charge-your-work-life)2. 행위중독, 최삼욱, 눈 출판그룹

게으름에 대처하는 5가지 극복 방법···246
1. Why We Procrastinate and 5 Ways to Stop? ,Ellen Hendrikson,Ph.D ,Scientific american 2018 June
2. Genetic Relations Among Procrastination, Impulsivity, and Goal-Management Ability: Implications for the Evolutionary Origin of Procrastination, Daniel. E. Gustavson et al., Psych sci, 2014 June

못 자는 것도 병···251
1. 불면증을 위한 인지행동치료:세션별 가이드, Michael L Perlis 등 저, 김지현 등 역, 군자출판사

나를 살피는 기술

1판 1쇄 발행 ┃ 2020년 05월 06일
1판 5쇄 발행 ┃ 2021년 07월 20일

지 은 이 신재현
기획편집 정영주
디 자 인 박제희

발 행 인 정영욱
일러스트 디디디(@illustrator_ddd_)

펴낸곳 (주)부크럼
전 화 070-5138-9971~3 (도서기획제작팀)
이메일 editor@bookrum.co.kr
인스타그램 @bookrum.official
블로그 blog.naver.com/s2mfairy
포스트 post.naver.com/s2mfairy